人生を味わう　古典落語の名文句

立川談慶

PHP文庫

○本表紙図柄＝ロゼッタ・ストーン（大英博物館蔵）
○本表紙デザイン＋紋章＝上田晃郷

まえがき――この本は、「落語サプリ」です。

みなさん、お元気ですか？　あなたの立川談慶です。

今回、一風変わった落語の本を出版することになりました。

最初に上梓したのは、『大事なことはすべて立川談志《ししょう》に教わった』という師匠との思い出話を綴ったドキュメンタリー本でした。その後、若いサラリーマン向けに書いた『落語力』、会話に特化した『いつも同じお題なのに、なぜ落語家の話は面白いのか』、人づき合いのコツを書いた『「めんどうくさい人」の接し方、かわし方』、談志が教壇に立ったら、という思いで書いた『落語家直伝　うまい！授業のつくりかた』、与太郎的感性で、この世の中を生きていこうと訴えた『なぜ与太郎は頭のいい人よりうまくいくのか』。

そして今回は、この『人生を味わう　古典落語の名文句』です。

「落語は人間の業《ごう》の肯定である」とは師匠談志による定義でした。なるほど、人間というものは非常に面倒くさい存在です。眠くなれば寝てしまいますし、医者から「酒を飲むな」と言われても隠れて飲んでしまうものですし、もともとダメなものとして出来上がっているのが人間なのかもしれません。

深読みすれば、神様は「お互いかばい合って生きていくように」との願いを込めて、あえて人間をダメなものとしてお作りになったのかもしれません。そんな欠陥人間たち同士の織り成すセリフ、言葉が積み重なって出来たのが落語です。

背景は江戸を中心とする昔の日本です。いにしえのご先祖さまたちの日常会話が、生きたまんま保存され続けて来ている言わば「文化財」ともいえるでしょう。

独演会の後、打ち上げでお客様と飲んでいると、「『宿屋の仇討ち』のあのセリフ、何回聞いても笑っちゃうよね」、「『道具屋』の与太郎のあの言葉、ズシンと響くよね」、「『死神』のあの場面でのあの言葉、印象に残るなあ」など、必ずそんな話になります。

「もしかしたら、人はストーリーよりも『ことば』にときめくものなのかもしれない。落語を分解して、『ことば』にフォーカスしてみよう」

そんな思いでこの本を書き始めてみました。

落語は幅広い芸能です。滑稽噺《こっけいばなし》で笑って、人情噺で泣いてと、お客様はその振幅の大きさを満喫することができます。その上、さらに演者である落語家本人を囲んでお酒を飲むという打ち上げが基本セットになっていますので、「人生の最高度のストレス発散」をして、大満足でお帰りいただける、いわばフルコースのレジャーです。そして、そんなプチリゾートの後、必ず決まってこう言います。

「今日は、ほんとスッキリしました。明日から頑張れます」

これは落語家として至福のひとときであります。毎回、この言葉を受け賜《たまわ》れるよう、さらに頑張りたいと思うと同時に、こんな喜びを得るために厳しい修業があったのかなあと、改めて師匠に感謝する瞬間でもあります。

ある日、ふと気づきました。

「我々は医者で、落語は薬ではないか」と。

そう考えると、お客様は患者さんなのかもしれません。

現代人は誰もが悩みを抱えています。重い荷物を遠くまで運ぶつらさを緩和させようと、自動車産業が発達しました。主婦の労働を楽にしようと家電製品が開発されました。以前に比べたら、肉体的な苦痛は軽減されているはずなのに、それに反比例する形でもって、精神的な苦悩はますます増大しているといったような感じでしょうか。

かような背景から、お客様が落語に救いを求める傾向はますます強くなってきています。

「立川流は研究所だ」とは兄弟子の談春兄《あに》さんの言葉です。

なるほど師匠談志が一代で築き上げたこの団体は、組織や会社というより「研究所」のような趣《おもむき》があり、言い得て妙です。基本、個人で動く我々は、組織による拘束をもっとも嫌う人種でもありますもの。

だとしたら、「落語という薬品を落語家という研究所の所員として、より悩んでいるお客様（患者様）向けのものをお届け出来ないものか」と、こんな本を書いてみました。

落語家が落語のことを本にすると、大概は芸談や芸論にフォーカスしがちですが、「あくまでもお客様のお悩み解決ありき」という姿勢で、「落語のなかの『ことば』」と向き合っているうちに、自然とこんな本になってしまいました。

落語という万能漢方薬から抽出した「人生サプリ」として、お受け止めください。症状に応じて、どこからお読みいただいても構いません。

いまふと思いつきました。

立川談志を新薬（先発医薬品）だとするならば、私はジェネリック医薬品（後発医薬品）でもあります。よりお気軽な存在であり続けたいと思います。まさにお手軽サプリとしてご愛用ください。あなたの人生が明るくなるはずです。

そしてお読みいただいた後は、このサプリを片手に、実際に落語会というライブにカウンセリングを受けるようなつもりで、足を運んでみてください。相乗効果が期待できます。

以上、使用上の注意も副作用のご心配もまったくありませんから、どこからでも好きなだけご服用ください。

あ、ちなみに立ち読みは効き目がありません。

二〇一七年六月

落語立川流真打ち　立川談慶

人生を味わう　古典落語の名文句　目次

第二章　すかっと編

第三章 ゆったり編

第四章　じんわり編

第五章　あざやか編

第一章　しみじみ編

芝浜《しばはま》の名文句

「よそう。また夢になるといけねえ」

あらすじと解説

「ひとへん」に「夢」と書いて「儚《はかな》い」と読ませるのがその象徴で、夢はいつかは醒めて消えてしまうもの。そんなあやふやなものよりも、目の前のことの積み上げこそ肝心なのだと、この噺《はなし》をやった後は、なぜかカミさんにお礼したくなる。

腕はいいのに大酒飲みの魚屋の亭主、勝五郎。通称魚勝。今日も酒浸《さけびた》りで商《あきな》いに出かけようとしない。しっかり者の女房が「今晩呑《の》ませてくれたら明日から仕事する」という言質《げんち》を取ったが、またまた浴びるほど飲んで寝てしまう。

あくる朝、女房に「お前さん、商いに行ってくれよ」と叩き起こされて、ようやく河岸に出かけてゆく。ところが芝・増上寺《ぞうじょうじ》の鐘の音を聞き、女房が一つ時を間違えて起こしたことに気づく。怒り心頭に発するが、なんとか抑えて、河岸《かし》が開くまで顔を洗ってたばこを吸って過ごすことにする。

すると、波打ち際に流れ着く皮財布を発見、開けてみると入っていたのはなんと二分金で四十二両。喜び勇んで帰宅し、女房に、

「こんな大金拾っちまった。もう働かなくていいってことだ！　酒だ、鰻だ、天ぷらだ！　長屋の連中にもごちそうするぞ」

とまたまた酔いつぶれて寝てしまう。

「お前さん、商いに行ってくれよ」

と、また同じように女房が叩き起こす。

「バカか。もう働かなくてもいいんだ。四十二両拾ったじゃないか」

と訴える亭主に、

「そんなお金拾った夢でも見たんじゃないの？」

と素っ気ない。聞いてみたらずっと昼過ぎまで寝ていて、起きたらいきなり長屋の連中呼び集めてどんちゃん騒ぎをし、また寝てしまったのだと。

「拾った夢なんか見て喜ぶなんて情けない」

と女房に泣きながら訴えられ、魚勝は改心。酒をピタっとやめて一生懸命に働く

ようになる。

　それから三年経った大みそか。小さいながらも若い衆を二人置くぐらいの店をもっている。除夜の鐘を聞きながら女房が奥から皮財布を取り出す。魚勝が開けてみると四十二両。

「お前さん、三年前のあの話、あれ夢じゃなかったの」と述懐《じゅっかい》する。

「てめえ、騙していたのか?!」。

　激高する亭主。

　あの時亭主が寝た後、大家のところに相談に行くと、

「拾った金を使わせたら、亭主は罪になるから、お奉行所へ届けて、みんな夢の中の話にしちまえ」

　と言われ、一世一代の大嘘をついたのだと涙ながらに訴える。「『落とし主現れず、拾い主のもとへ』というお達しで、晴れて四十二両、もらえたのよ」と。

　亭主は女房の気持ちを思いやり、改めて礼を言う。

「お前が、あんな芝居打ってくれなかったら、今頃、俺は罪人としてこの寒空の下、ガタガタ震えていたはずだ。ありがとよ」。

「ねえ、お前さん、お酒飲もうよ」

いきなり切り出す女房。

「もう大丈夫だよ。飲もうよ」

「そうか、お前がいいっていうのなら」

と、三年ぶりに茶碗酒を口に近づけようとするが、

「よそう。また夢になるといけねえ」


さてこの名文句、なんと解く？

「現実こそ事実」。「理想は嘘」なんだよ。

そのココロは？

言わずと知れた名作落語中の名作の「芝浜」。師匠談志は十八番として、ねじ伏せるように演じていたものだ。晩年のよみうりホールでの独演は、本人をして「ミューズが舞い降りた」と言わしめたほどだった。

が、一世を風靡したとも言うべき、本人による落語の歴史的定義「落語は人間の

業の肯定である」とは相反するのが「芝浜」である。この葛藤が、じつは怪演の原動力だったように思う。その矛盾を「女房」を鉄火に演じることで功を奏したのが、先に上げたよみうりホールでのそれだった。

「『業の肯定』を主張するのなら、あそこで酒を飲むのが落語じゃないか、『芝浜』は『業の克服』じゃないか」

とつねづね言っていたものだった。さて、「よそう。また夢になるといけねえ」。改めて噛みしめてみると、この亭主、もともとはきっと真面目な人だったに違いない。なにかの拍子で酒にはまり、商いに行かなくなるという負のサイクルに陥っただけで、根っからの酒好きではないような気がする。そんな人ならば、酒を飲んで浮かれて「夢＝理想や夢想」に浸るよりも、「現実＝商いのつらい部分」に、のたうち回るほうを選ぶというのが彼の〝業〟だったという解釈が一番妥当のような気がする。

ま、大多数の日本人の〝業〟がそれなのかもしれない。じゃなきゃ、あんな満員電車に揺られ続けて定年まで働く人の心理は説明できないはずだ。だからこそ、いまだに「芝浜」を聞いて涙する人が多いのだろう。もしかすると、「芝浜」で感動するというのは、日本人としてのＤＮＡ証明なのかもしれない。

「また夢になるといけねえ」というオチは「夢の拒否」だ。すごくくさい言い方になってしまうが、本当の幸せとは、「思わぬ形で入手した四十二両」にあるのではなく、「いくら亭主を思ってのこととはいえ、三年もの間、結果として騙してしまったことを悩み続けて目の前で詫び続ける女房の涙」にあると亭主が察したのだろう。

さらにくさい言い方になるが**幸せとは見つけるものではなく、感じるもの**なのだろう。談志はつねづね、「現実が事実」といい、その後に「評価は他人が下すものだ」と付け加えていた。世の中、SNSを見れば一目でわかるけど、ほんと**ダメな人ほど絵空事の理想論を振りかざし、きちんとした人こそ地に足の着いた現実論を訴えている。**本当の夢は寝ている時に見るものではなく、目を見開いて実現させていくものなのかもしれない。談志の落語家人生が実際そうだった。

余談だが、長野県飯田市で発生した「談志居眠り裁判」を思い出した。談志が「芝浜」をやろうとしたら目の前で寝ているお客がいて、「あれじゃ乗れない」と途中退座したものだから、主催者がその客に退席を求めたところ逆ギレし、「（主催者を）訴えてやる！」と言って実際に訴訟を起こしたあの事件だが、じつはその前から伏線があった。

その四年前に前座として付いていた私だったが、その時も「芝浜」口演中、やたら笑いまくるお客がいて「テンション切《ぎ》れだ。『紙入れ』にする」と言って途中からネタを変えた経緯があった。テンション切れとは、談志一流の表現で、「噺を続ける気が失せた」という意味である。

で、「いつか、芝浜をお願いします！」と打ち上げで関係者から言われて、四年後に臨んだ「芝浜」があんな形で裁判沙汰になってしまうとは。

もう本人はこの世にはいないけど、当時巻き込まれた人にしてみればそれこそ「夢であってほしい出来事」だったはずだと思うなあ。「よそう」ではなく「予想」はできなかっただろうけど。

百年目《ひやくねんめ》の名文句

「治兵衛さん、ゆんべ眠れましたか?」

あらすじと解説

言わずと知れた、三遊亭圓生師匠の十八番のネタである。奥行き、そして重厚感溢れる語り口はむろん、中手《なかで》という本来は爆笑の際に発生するはずの反応が、クライマックスの泣かせの場面で発生している。

CDでしか聞いたことのない私であるが、それぐらい観客を感極まらせた、話芸の最高峰の部類の一つと確信する。テーマはずばり「許し」。

あらすじはこうだ。

堅物《かたぶつ》で通っていた大店《おおだな》の一番番頭、治兵衛。小僧や手代への小言が厳しい日々が続くが、それはじつは仮の姿。旦那をはじめ、店の者も誰も知らないことだが、裏の顔は芸者、幇間《たいこ》を連れて歩くほどの粋な遊び人だった。手際よく仕事を切り上げ、乙な出《い》で立ちに着替え、春爛漫・満開の桜に浮かれようと大挙して向島の土手へと出かけて行った。

お酒の入った勢いもあり、扇子で顔を隠し異様に盛り上がる格好で鬼ごっこに興じていたのだが、好事魔多し、一番出会いたくないはずの旦那とぶつかってしまう。

顔を覆っていた扇子を取ってみてびっくり。「ご無沙汰しております」と旦那を前にしてなんとも間抜けなセリフしか吐けない治兵衛だった。

店に戻っても生きた心地はしない。

一睡もできずに朝を迎え、気もそぞろで帳場に座っていると旦那に呼ばれる。「いよいよ、クビの宣告か」と覚悟を決める治兵衛だったが、旦那はというと「栴《せん》檀《だん》と南縁草《なんえんそう》」の話をして、世の中は持ちつ持たれつなんだと治兵衛を諭す。そして、件《くだん》の名言を吐く。

「治兵衛さん、ゆんべ眠れましたか？」

このセリフがきっかけとなって、旦那が声を振り絞るようにして語り出す。そこで治兵衛は旦那が、自分の来《きた》し方から行く末までも幅広く考えていてくれたのだと解り、号泣する。

オチはそんな治兵衛をなだめるかのように、旦那が、

「昨日会った時、なんでのべつ顔を付き合わしているはずなのに、ご無沙汰してますと言ったんだい？」

と問うたのに対し、

「あんな無様な姿でお会いしたもんですから、ここで会ったが百年目と思いました」。


さてこの名文句、なんと解く？

主張したいことがあるなら、相手のことを思いやった「切り替えのセリフ」こそ大事だよ。

そのココロは？


ほんとこの旦那は相当の苦労人だと思う。

手慣れたベテランの刑事のような滋味と、大店という当時の組織を束ねるトップ

としての器量と、さらには大きな芝居を仕切る名演出家のような風情すら感じる。

こんな社長が一人でも増えてくれたら、この国は再び上昇するに違いないとすら確信する。いまの日本で一番足りないのが、この旦那が治兵衛さんに対して施したような許しではなかろうか？

さ、ここを分析してみよう。

旦那と治兵衛。いわばこの両者は、上司と部下、いやもっとひろげていうならば「決断をする側」と「その決断を受け入れる側」の象徴でもあるともいえる。この噺はとにかくそんな大事な局面においては、発信者側は決して受信者側に対して、焦ってはいけないということを教えてくれているような気がするのだ。

「梅檀と南縁草」などの話はあくまでも穏やかな導入部分だ。ここまではいわば言いたい事の逆算部分だ。落語でいうならば〝まくら〟か。訴えたいことを決めたならば、この辺りのたとえ話は、遡《さかのぼ》るような格好で、実体験を含めて比較的容易に浮かび上がってくるはずだ。

そして、この場で訴えたいことは、

「昨晩眠れずに、心配になって店の帳簿を開いてみた。そして心を鬼にしてつぶさに調べてさせてもらった。あんな派手な遊びをしているということは、大きな落ち度があるに違いないと思っていたところ、一つも穴がなく完璧に切り盛りしてくれていた。知らない間に立派な商人になっていたんだね。来年は必ず店を持たせるからね。それまで辛抱しておくれ」

という泣かせどころ満載の後半のセリフだ。

この噺、旦那の人間力という漠然としたものに誤魔化されてしまっているが、ドライにその伝える力を公式として浮かび上がらせてみると、

「導入たるまくら」＋「切り替えのセリフ」＋「本題（訴えたいこと）」

になるか。

「治兵衛さん、ゆんべ眠れましたか？」は、その後半の殺し文句を際立たせる前の、穏やかなまくらの切り替えのセリフだ。

いや後半の殺し文句というよりは、このセリフ自体がすでに殺し文句なのだ（いやもっともっと下品に言うならば「前戯の前でイカせてしまうような言葉」というべきか）。

だって、「ゆんべ眠れましたか？」などと相手の身体をいたわり気遣いつつも、「さあ、これから本題に移りますよ。心して聞きなさい」という覚悟を促す言葉にもなっているんだもの。

自戒も含めてだが、「言いたいことが伝わらない」と嘆いている人たちは、「導入たるまくら」と「本題」とに主眼を置き過ぎているあまり、この真ん中の「ターニングポイントのセリフ」をないがしろにしているのかも、と省《かえり》みる必要があるのではなかろうか。

試しに圓生師匠の「百年目」の速記本をこの名言を抜いて読んでみたのだが、見事に後半の殺し文句が流れ去ってしまった。印象に残らないのだ。この言葉は大事な〝つなぎ〟なのだと改めて気づく。

あくまでも個人的な感想だが、相田みつをさんの詩に私がときめかないのはここにある。むろん、あの「にんげんだもの」という詩に感動している方々の感性を否定しているわけではない。が、相田みつをさんのあの詩は、いわばいいセリフのみを集めた「殺し文句集」のような気がするのだ。

「導入」と「つなぎ」がない「オチ」だけの落語を聞いても笑えないような感じといえば、ご理解いただけるだろうか。

落語に限らず、翻《ひるがえ》って一般社会においても、相手にいいたいことがある場合、そのまま自分の主張をするだけだとしたら、ただ感情に支配されているだけの人という印象しか持たれないはずだ。**結論だけを声高に強くいわれても違和感と拒否感**

しか残らないもの。そこに冷静になって計算という知性を施し、導入部分たるまくら、そしてさらに精度を高めるために「つなぎであるターニングポイントのセリフ」を考慮すべきなのだ。

つまり、相手を説得するのではなく、納得してもらうためのタメを施さないと人って動かないものなのだということを、この噺は教えてくれているのだと思う。つなぎこそ大切な〝間〟なのだ。

狸《たぬき》の恩返《おんがえ》しの名文句

「お前は恩を受けたのに恩を返さない。まるで人間同様の狸だなんて言われちまうんですよ」

あらすじと解説

動物を扱った落語は結構ある。そのなかで我が立川談志一門では、入門したばかりの前座さんが、「道灌《どうかん》」、「たらちね」の次に覚えるべき三つ目のネタとして課題になるのが、「狸の恩返し」である。

かなり自由奔放に振る舞わせていただけるのが、立川流のよさだと自負しているが、前座さんに関しては、ネタから言動から逐一《ちくいち》、厳しいチェックを受けている。師匠亡き後も、それは徹底されている。

入門した後、最初に教わるのが「道灌」という落語で、ピアノでいうならば赤バイエルか。登場人物も限られているのと、落語の基本構成である「伏線と落ち」がしっかりしているなどの理由で、誰もがこのネタから落語家人生のスタートを切る。晩年はイリュージョン的な解釈と演じ方で大衆をときめかせた談志も、スタートはこの「道灌」だった。

ここで落語家としての発声、リズム、メロディの基礎を叩き込んだら、次のネタ「たらちね」へと移る。ここでは、女性の演じ方や言い立てなどを学び、そして三つ目の「狸の恩返し」へと続く。

この噺の肝《きも》はというと、談志の師匠である、小さん師匠の名言「狸の了見になれ」にすべてが言い尽くされている感がある。小さん師匠は狸の了見になったから風貌まで似てしまったのか。いや、狸に似ていたからその種の話が得意になったのか。ニワトリが先か卵が先か。

あらすじは、こうだ。

一人の男が、子供たちが犬を捕まえていじめているのを見つける。よく見ると犬ではなく、狸。子供たちに小遣いを渡して逃がしてやると、助けられた子狸が恩返しにやってくる。「弾《はず》みで助けただけだから、帰りなよ」というと、「恩返しをしないで帰ると親狸から怒られるんです」と答える。「どういうことだ?」と問いかけた際に、冒頭の名言「お前は恩を受けたのに恩を返さない。まるで人間同様の狸だなんて言われちまうんですよ」を吐く。

「じゃあ、明日でいいよ」と、答える男だったが、翌日、その恩返しの手段として、借金返済用の札《さつ》に化けるのが「狸札《たぬさつ》」、ばくち用のサイコロに化けるのが、「狸《たぬ》賽《さい》」、出産祝いの鯉に化けるのが「狸の鯉」、茶道用の釜に化けるのが「狸の釜」と、化けることが一番の恩返しだと頑《かたく》なに信じているような狸の健気《けなげ》さが伝わってくる。

余談だが、私は前座の時分、快楽亭ブラック師匠の会の前座で、狸がコンドームに化けて恩返しをする「狸コン」というのをやったことがある。ブラック師匠の会は、ブラック師匠自身のみならず、そういう特殊なネタを好むお客さんがたくさん集まる会ということで、一夜漬けのような形でこしらえたネタで、その場では爆笑だった。が、案の定、その夜以来、演じていない。

やはり汎用性がないと無駄になるものだ。結構そんな一回こっきりのネタって多いもの。いつかどこかで落語供養のような会を開こうかな。

さてこの名文句、なんと解く？

動物側からの痛烈な人間社会批判

そのココロは？

談志はつねづね、「動物は本能がしっかりしているから人間よりは大したもんだ」と言っていた。

「子供を『愛情』なんて、あやふやなものを前提として育てなければならないのは、本能がぶっ壊れた人間が歪《いびつ》なだけなんだ。それが証拠に、動物が子供を育てられなくなったからとってコインロッカーに入れたりはしない。『獅子が千尋の谷に我が子を突き落として、這《は》い上がってきたのだけを育てる』とはいうけれども、コインロッカーに閉じ込められながらも、自分から鍵をこじ開けてくる子だけを育てようとしているわけじゃないだろ」。

ズバリいう。小さん師匠が、「狸の了見になれ」と言ったのは、「究極のメタ認知」なのだ。**「狸の了見」とは、「動物を含めた自分以外の第三者の目線」を若いうちから持つべきだという意味**なのではと思う。

いや、そう考えたほうが、入門したばかりの前座さんに、早々に取り組むべき前座噺として「狸の恩返し」をもってくる配慮に納得する。一人で何役も演じなければいけない落語を生業《なりわい》にするからには、自分以外の角度からの見方や価値観をつねに持ち続けるのが、テクニックというよりはエチケットなのだという啓示にすら感じられる。

つまり、**「第三者目線」を培《つちか》う一環としての前座噺と、滅私《めっし》奉公が基本の前座修業とがワンセットとして機能している**のだ。前座修業の合理性がここにもある。

そんな風に上手に自分を殺しながら、俯瞰して判断すると、談志の論理通り、動物のほうがちゃんとしているのではということになり、親狸のセリフ「お前は恩を受けたのに恩を返さない。人間同様の狸だ」というのが、真《しん》に迫ってくる。

同じような噺に「元犬」というのがある。一匹の白い犬が人間になりたいと願い、それが叶えられて人間となって巻き起こす騒動の話だ。動物に会話をさせているという点では同じだが、動物が人間になりたがっていると思っている時点で、「狸の恩返し」のこの名言を生み出したバックボーンより、どちらかというと動物より人間サイドの視点であるように感じてしまう。

本能がしっかりしている動物が果たして「人間になりたい」と思うかどうか甚《はなは》だ

疑問だから。

談志の言葉はさらに続く。「動物は、弱肉強食で生きているけれども、金儲けのために、同じ種同士が殺し合うようなばかなことはしない。この地球、人間さえいなければ本当にいい星なんだ」と。

「狸の了見になれ」と自ら狸に化けるようにして、キャラまでも狸化させた師匠の小さんを間近に見て、「俺にはムリ」とばかりに、ならば向こうが絶対、辿り着けないフィールドを開拓しようと、落語史上初の「落語の理論化」という孤高の道を目指したのが談志だったのだろう。

「狸の恩返し」は小さん師匠に敵《かな》わないと思いつつも、「権兵衛狸」のなかに文明批判を織り交ぜていたのは、やはり師匠へのオマージュ、いや追慕だったのかもしれない。実際、小さん師匠が演じる狸、そして談志が演じる狸は、共にとても可愛かった。

百川《ももかわ》の名文句

「わざとドジこしらえて、とぼけてきたんだよ。もっと言えば、芝居をしているんだ」

あらすじと解説

日本橋浮世小路に実在した小料理店「百川」。大層繁盛した人気店だったそうな。そこのお店が、宣伝のために創作したといわれているのがこの落語。いわばプロモーションビデオならぬプロモーション落語といったところか。

その人気店の二階でのばかばかしい出来事が落語になっている。「金明竹《きんめいちく》」と同様のディスコミュニケーションがテーマだが、「金明竹」が単なる聞き間違えの面白さであるのに対し（むろん、これも落語の面白さの本分なのだが）、こちら「百川」はもっと深い、人間本来が有するばかばかしさを笑い合っている。

あらすじはこうだ。

この「百川」に桂庵《けいあん》という口入屋《くちいれや》を介して、一人の訛《なま》り丸出しの男がやってくる。百兵衛《ひやくべえ》と名乗ったところからご縁を感じ、その朴訥《ぼくとつ》さを気に入った主《あるじ》が即採用する。二階では気の荒い河岸《かし》の若い連中が集まり、「遊びのために売り払ってしまった四神剣《しじんけん》のこと」について話し合いの真っ最中だった。

四神剣とは、四神旗《しじんき》ともいい、東の青竜、西の白虎、南の朱雀、北の玄武という東西南北の神の姿を描いた、祭りの時に使われる旗のことである。

そこへ雇われたばかりの百兵衛さんが、女中の手が足りないこともあって二階へとご用聞きに行く。「しじんけのかけぇにん（主人家の抱え人）でやってめぇりました」と奇妙な訛りで言うのを、河岸の若い連中の顔役、初五郎は、「四神剣の掛け合い人」と聞き間違えてしまう。

初五郎が急場しのぎで、「お腹立ちはごもっともですが、これでなんとかお飲み込みを」と丸く収めようと、くわいの金団《きんとん》を差し出すのを額面通り受け止めた百兵衛さんが、丸呑みして苦しんだりするチグハグ対応が笑いを呼ぶ。

他の連中は百兵衛さんのことを「とんでもねえ田舎者だ」と嘲笑《ちようしよう》するが、初五郎のみが「あれは、名のある親分だ」と言い張り、そこでこの名言を吐く。「なまじなヤツがきて聞いた風なことを言えば、けんかになるからこちらの顔を立ててくれた配慮だったんだ」と買いかぶる。

のちに、その聞き間違いによる誤認は解消したものの、「長谷川町の三光新道の、常磐津の歌女文字《かめもじ》先生を呼んでこい。わからなくなったら、『か』の付く名高い先生といえばわかるから」と言いつけられた百兵衛さん、案の定間違えて外科医の鴨池玄林《かもじげんりん》先生を呼んできてしまう。

呆《あき》れ果てる河岸の若い連中が、

「抜けてらぁ」

「どのくらい?」

「みんな抜けてらぁ」

「いや、そんなことねぇよ、かめもじ、かもじ、たった一字だ」。

さてこの名文句、なんと解く?

もともと人間社会は「買いかぶり合い」が基本なんだよ。

そのココロは？

「買いかぶり」の前提となるのが「聞き間違い」だとしたら、面白い話がある。前座時代のことだ。

師匠を迎えに行った小談林（現・マグナム小林）と志加吾（現・雷門獅篭）。上野駅から根津の師匠宅まで車で送っていく途中、言問通りから、角の吉野家を右折して不忍通りに曲がる時、師匠が「あとで牛○、買ってきてくれ」と指示を出した。「牛○」の○がなになのか、ファジーに聞こえてしまった二人の前座さんだが、我々修業中の宿命として、「師匠には絶対聞き返せない」という暗黙の掟《おきて》がじつは存在する。「師匠、もう一度仰《おつしや》ってください」とは言えない。彼我《ひが》の差をわきまえないと芸事は身に付かない、と思うぐらいの緊張感が要求される世界なのだ。

ゆえに仕方ないから、その場ではとりあえず「はい！」と返事をしておいて、のちになって「あれはなんだったのか」と類推して行動を起こし、結果、失敗するケースが結構あるのだ。この場で兄弟子の志加吾は、「牛丼」と聞こえたので弟弟子の小談林に「吉野家で買ってこい」と指示を出した。

「兄さん、なんで師匠が牛丼なんか食べるんですか？」

「知らないよ、吉野家の角のところで言ったんだよ」

「本当に牛丼ですか？」

「早く行ってきなよ」

師匠を根津に送り届け、即座に吉野家にて牛丼の並を購入した小談林が「師匠、牛丼、買ってきました」と手渡すと、怒りを通り越し呆気《あっけ》に取られた顔色で、師匠はこう言ったという。

「俺は、牛乳を買ってきてくれっていったんだよ」

師匠の持ちネタではなかった「百川」をリアルに稽古してもらったような出来事だったが、**人間というのは聞き間違いやら、そこから派生する〝買いかぶり〟で出来上がっているのではないか**とふと思う。「この世は誤解だらけだ。自分にとって都合のいい誤解と都合の悪い誤解な」とは談志もよく言っていたものだった。

翻って恋愛なんか誤解の最たるものかもしれない。相思相愛なんて、一見理想にも思えるが、相互の買いかぶり合いなのかもしれない。それが誤解とわかった時に破たんするのが離婚ならば、長年、受忍《じゆにん》し合った具体例が金婚式なのだろう。

この落語の初五郎の買いかぶりも、顔役を任されるぐらいだから「機を見るに敏なタイプ」が陥りやすい穴かもしれない。頭の回転も早く目端《めはし》の利《き》くような人は結構そのような思い込みをするものだ。

実際、この百兵衛さんのようなドジ丸出しだった前座時代の私なんかは、「立川ワコール＝かならずしくじる奴」という刷り込みが師匠の頭のなかにあったせいか、「ほぅら見ろ。やっぱり、やりやがった」と予測通りのしくじりで、怒りを増幅させてしまったものだった。

あの頃は、ちゃんとしていても怒られてしまい、地獄の日々だった。が、その代わり、こういう**思い込みの激しいタイプの人には、一旦いい面を思い込ませると勝ちにもつながる**というメリットもあった。実際どんくさいながらも、二つ目昇進の際に要した愚直な努力は認めてくれて、「談慶＝コツコツ型」という刷り込みができ上がり、その後の真打ち昇進は異例とも感じるほど早く片づいた。

後年、その志加吾にも「談慶みたいに虚仮《こけ》の一念で挑んでみればいいんだ」とまで言ってくれたと聞き、救われた思いがしたものだった。

ほんと思い込みの激しい師匠だったが、その思い込みという主観の強さが、当人の十八番である「粗忽《そこつ》長屋」にもつながっていたと確信する。どうせ「買いかぶられた者勝ち」ならば、買いかぶられようよ。

人情八百屋《にんじょうやおや》の名文句

「仕立ておろしの着物きせるからね」

あらすじと解説

談志が浪曲の春日清鶴《かすがせいかく》から移植する形で落語化させたネタである。「白木屋政談」という長い講釈の出だし部分であるとのこと。談志は、「この噺をレコードで聴いた時に、初代木村重松の『慶安太平記』の時もそうだったんだが、『これ演《や》りたい』と、まるでおれは子供のようだった」と述懐している。

このネタは、談春兄さん経由でビートたけしさんにも伝わり、さすがのたけしさんがまた、たけしさんらしく見事にアレンジして口演している。ズバリいって、この落語こそ〝江戸の風〟そのもののような落語ではないかと思う。

江戸っ子の照れ、小粋さ、見栄っ張り、カッコのつけ方、そしてなにより「寂しがり屋」という江戸の風の構成要素がすべて含まれているように思う。小ざっぱりしたネタで自分自身やっていてなにより心地がいい。「ひ」と「し」が区別できないところがオチにもなっているというのも小憎《こにく》らしい。

あらすじはこうだ。

八百屋の平助が女房に語り出す。

「七日前に深川清住町の裏長屋のおかみさんに茄子《なす》を安く売ると、五つぐらいの子が出てきていきなり生で食べ始めた。聞けば亭主が二年越しの長患いで食べるのに難儀しているとのこと。たまらず弁当と三百文を置いてきたのだが、どうにも気になって仕方ない」

女房の勧めもあり平助が再び見舞いに訪れると〝貸家札〟という札が貼ってある。隣人曰く「亭主も女房も死んでしまって残された二人の子は火消しの鉄五郎が預かっている」。

鉄五郎宅を訪れ、その女房に訳を聞くと、「因業《いんごう》大家が、平助の置いて行ってくれた三百文を店賃《たなちん》の不足分として奪い取って行ったのを夫婦共々思い詰め、二人の子供を遊びに出した隙に、二人揃って自害してしまった。残された二人の子供はうちで預かっている」と涙ながらに訴える。鉄五郎が帰宅後、その心意気に惚れた平助と兄弟分の盃《さかずき》を交わし、年上の平助が兄になる。

「兄貴、この二人の兄弟、どちらか一人預かってくれないか」

と持ちかける鉄五郎に、

「二人揃って育てさせてくれ」

と答える平助。

「兄貴、今日連れてゆくかい？」

「カミさんと相談していい日を選んで迎えにきます」

そして鉄五郎の名言。「仕立て下ろしの着物きせるからね」

帰り際に平助が、

「やはり私より、頭《かしら》のほうが『しつけ』は相応しいかと」

「俺の商売は火消しだよ。『しつけ』（火付け）はいけねえ」


さてこの名文句、なんと解く？

いつの世も、人の心を打つのは、精一杯の優しさなんだよ。

そのココロは？

談志が晩年まで、しきりに色紙に書いていた言葉に「親切だけが人を説得する」というのがある。その親切も、かなり相手に読解力を要求するような親切だった。まさに「一見不親切の本当の親切」というあれだ。私がこうして落語論などを書けているのも、当時は恥以外のなに物でもなかった前座九年半という修業期間があればこそである。

もっというと、それは「どうしたら『二つ目に合格させてやる』と、師匠の首を縦に振らせることができるか」という思考トレーニングだった。あの時の山積した失敗が今や財産になっている。よくあの頃、師匠は「俺がお前にしてやれる親切は、情けをかけないことだ」と言っていたっけ。

さて、晩年〝江戸の風〟を唱え、落語の将来像を示唆《しさ》して、その風のなかに溶け込むかのようにしてこの世を去ってしまった談志だが、今一度、江戸について改めて考えてみたい。

一六〇三年に、家康が征夷大将軍となり江戸幕府を開いたというのが江戸の歴史の始まりとなってはいるが、話はもっと遡らなければならない。その十三年前の一五九〇年、秀吉の命令によって家康が江戸へと移封されたのがそもそものきっかけで、本当の意味でいうとここから江戸時代が始まっていた。

当時の江戸は、完全なる湿地帯で北条氏の旧領国。しかも税率が四公六民という極めて低い税率で、石高の増加は見込めない状況だった。いわばこんな貧乏くじのような土地をあてがわれた家康にとっての急務は、土地の開拓であった。

そこで家康は、江戸川を東にずらして銚子に抜けさせるなどの灌漑《かんがい》工事をはじめとする大規模な各種インフラ整備を執り行なう。その際に動員されたのが、地方の農村の次男三男などの労働力で、その人たちが江戸に居付いて、江戸っ子の祖先となった。

つまり、みんな一人ぼっちだったのだ。むろん、最初から江戸に住んでいる人たちもいたのだが、やがて数的にはそれを凌駕《りようが》するようになり、江戸は「一人ぼっちだらけの町」になる。つまり、言い換えると「さびしがり屋だらけの町」こそ江戸だったのだ。

そんな寂しさはどうやって解消したのだろうか？

想像だが、所帯を持ったり（実際、男女比が七対三でなかなか所帯は持ちにくかったそうな）、この噺の鉄五郎と平助のように義兄弟の契りを結んだり、あるいは長屋の仲間と触れ合ったりするなどの「他者とのつながりや絆」で緩和させていたに違いない。後年それらの積み重ねが、化石燃料のようになって花開いたのが落語ではないかと思う。

他者とつながるためには、他者とまずファーストコンタクトをとらなくてはいけない。だから江戸っ子はお節介が基本となる。**お節介は寂しがり屋の裏返し**なのだ。やがてそのつながりがコミュニティ化してくると、同時にお節介は「不審者検出装置」としても機能する。それが江戸の保安性をも高めることになっていった。

落語の笑いは〝共感〟だ。

志ん生師匠の小噺、

「なんであんな男と一緒になったの？　見込みあるの？」

「だって寒いんだもん」

にすべてが凝縮されている。飢えや寒さをしのぐには、共感することで分散し合うしかなかった。誰もがみんなひとりぼっちと受け止めることができれば、必然他者にも優しくなれる。

「誰かが重いものを背負い込んでいたら、分け合えばいい」。きっと江戸っ子たちの心の底にはそんな思いがあったはずだ。まさに「**奪い合えば足りないが、分け合**

えば余る」、それが江戸だったのだ。

この噺に戻る。八百屋の平助だって貧乏なはずだ。それなのに二人の子供を育てると宣言してくれた。ならばもっと貧乏な火消しの鉄五郎はそんな平助に応えるべく精一杯の優しさを提示し、名言を吐いた。シャレのようだけど、誠意とは精一杯のことだと思う。

金持ちが貧乏人になにかを施すという上から下ではなく、江戸っ子同士、横のつながりでつらい局面を乗り切ろうとしているところにこの落語の救いがある。談志がこの噺を語り終えた時、客席には薫風《くんぷう》のような江戸の風が吹いていたものだった。

文違《ふみちが》いの名文句

「あ、ちょっくら待て。そんなこと言ったら、おらが間夫だということがあらわれるでねえか」

あらすじと解説

ほんとよくできている「男と女の騙し騙され話」の一つである。「いつの世も世の中はそんなものだ」と見事に言い切っている。「落語は嘘をついてはいない」。あらすじはこうだ。

内藤新宿の飯盛女《めしもりおんな》・お杉は、

「お父っつぁんが無心してきたので、二十両を用立ててほしい」

と嘘をつき、なじみ客の半七に色っぽくねだるが、半七はその半額程度しか持っていない。そこでお杉は、同じくなじみ客で、隣の部屋で待つ田舎者の角蔵のもとへ行き、

「おっ母さんが病気で、薬を買ってやりたい」

とまた嘘をつき、角蔵が取引のためにもっていた預かり金を受け取り、改めて半七に足りない分をせびって二十両を得る。お杉は半七に「お父っつぁんに渡してくる」と言い残し、半七や角蔵の部屋から離れた一室に向かう。そこには目を布で押さえている男・芳次郎が座っている。彼こそお杉の本当の恋人で、お杉に金を無心した本当の相手だった。

金を受け取った彼はそそくさと帰る。お杉は置き忘れられた手紙を見つける。読んでみると、小筆《こふで》という名の別の飯盛女が芳次郎に宛てたもので、

「田舎の大金持ちからの身請《みう》けを断ったが、代わりに五十両を要求されている。眼病と偽り、お杉を騙してしまえ」

という意味のことが書かれている。お杉は悔し泣きをしながら、半七の部屋に戻るために出る。

そのころ、半七もお杉が落としていった手紙を見つけ、読むと芳次郎の名で、

「眼病をわずらい、このままでは目が見えなくなるので、薬代として二十両がいる。父親に無心されたと偽り、半七を騙してしまえ」と書かれていたので、怒り狂う。お杉が半七の部屋に戻るやいなや、互いに騙され合って気が立っているふたり

は、

「七両かたりやがった（騙し取った）な」

「なにさ、そんなはした金。あたしは二十両だよ」とすさまじい喧嘩《けんか》になる。

お杉と半七の口論を壁越しに聞いていた角蔵は、店の者を呼びつけ、

「早く止めてくれ。間夫《まぶ》（情夫）から金子《きんす》（お金）を受け取ったとか渡したとかで、お杉が殴られているだ。あれは色でも欲でもなく、お杉のかかさまの病のために、おらが恵んだものだ」

と言うが、すぐに向かおうとする店の者を押しとどめ、

「あ、ちょっくら待て。そんなこと言ったら、おらが間夫だということがあらわれるでねえか（わかってしまうんじゃないか）」


さてこの名文句、なんと解く？

世の中、勘違いの甚《はなは》だしい奴の勝ちなんだよ。

そのココロは？

この噺、ずばり言って「ストーカー防止落語」だ。いまだにアイドルやキャバ嬢やらにまとわりつくストーカー事件が後を絶たない。アイドルにまとわりついた揚句、殺人寸前にまで追い込んでしまったストーカー裁判事件の記憶が新しい。

なぜ彼らはストーカー化するのか？

基本的にああいう世界の女性たちは「男を騙すのが商売」のはずなのに、当の男どもは、誰もが「俺だけは特別な対象なのだ」と思いたがるばかな生き物だからだ（むろん、自戒を込めて）。

つまり「ああいう女性たちは嘘をつくものだ」というわきまえがあればそれが必ずブレーキになる。もっというと「彼女たちのつく嘘は彼女たちの大切な商品なのだ」という優しい認識さえあれば、そんな勘違いは決して発生しないはずなのだ。それが「ストーカー防止落語」と私が呼ぶゆえんである。

似たような噺に「お見立て」がある。こちらのほうがむしろ、嫌いな客をどうにかして拒絶しようとするばかばかしい言い訳のオンパレードゆえ、その姿勢がより顕著であるが。

これらの噺は、我々の祖先が、

「俺たちはリアルにそんな女に引っかかって、えらい目に遭ってしまった。子孫たちよ、お前たちは俺たちと同じ轍《てつ》を決して踏むんじゃないぞよ」

という老婆心から、後世に向けて鳴らし続けてきた、警鐘のように見えてしまう。さらにこの「文違い」が高度なのはそんな風にして男を手管《てくだ》で騙した女も、じつは騙されていたという構成を取っている点だ。

まるで、「客から貢がれたブランドバッグを売りさばいて得たお金で、大好きなホストに入れ込むキャバ嬢が、そのホストに振られる」のとまったく同じだ。

おそらく、この芳次郎も小筆に騙されていて、小筆もさらに誰か本当の恋人がいそうな展開へとつながりそうな予感すらする。そんななかで、唯一、傍若無人なのがこの角蔵という田舎者。各種ＳＮＳで、モテたことを自慢して夜郎自大《やろうじだい》となって披露している人たちに遭遇すると、この角蔵をいつも思い出す。が、ここで改めて見つめ直してほしい。

彼は、現状を把握していない鈍感さから、唯一「自分はモテている幸せ者」と勘違いしている男だ。ひょっとしたら、「究極の幸せとは勘違い」というのを体現するために、この世に現れたのかもしれないとすら思える。おそらくそれはきっと私の大きな勘違いなのだろうけど。

いや、でも、考えてみたら、**あらゆるジャンルにおいて、ブレイクした人たちって、こんな「勘違い」を貫いためちゃくちゃ鈍感な人たちなのではないか。**

裸の王様がピュアな子供に「裸だよ」とツッコミを入れられたとしても、「いやあ、君には見えないいだけなんだよ」とさらなるボケを返してしまうようなそんな感じか。

落語には「権助魚《ごんすけざかな》」や「権助芝居《ごんすけしばい》」など、権助という図々しさ丸出しの田舎者が出てきて笑いの中心になる噺があるが、いずれも旦那からの軌道修正を促すツッコミにもまるで動じない。

ここからは恥をしのんで書くのだが、だいたい落語家に弟子入りするという行為自体が、「俺ならこの世界で生きてゆけるはずだ」という根拠のない思い上がりがまず前提の勘違いそのものなのではと思う。少なくとも私はそういうタイプだ。

とてもこの師匠やこの世界にはついてゆけないと思い悩んだ末、辞めてゆく人間をいままで何人も見てはきたが、私とは違って敏感だったのだと思う。

私が談志のもとで真打ちになり、作家でもないのに偉そうに本を何冊も書けているのは、鈍感だからだと確実にいえる。だから角蔵や権助を、他人事とは決して思えないのだ。ストーカーにだけはならないような〝エチケット〟をこの噺などを通じて学んだとしたら、あとは勘違いあるのみなのではなかろうか。

勘違いとは他者からの雑音をシャットアウトし、自分のやりたい道を邁進する力ともいえる。迷惑かけずに勘違いしよう。だって、人生一度しかないんだもの。

「抜《ぬ》け雀《すずめ》」談慶オリジナルの名文句

「親の加護のおかげで助かった」

あらすじと解説

「抜け雀」は、「落語初心者が比較的多い」「初めて独演会を企画してもらった場所」「その後、懇親会がセットになっている」などの条件が重なった時に、トリネタとして私は特に好んでかけているネタだ。

落語初心者が比較的多い。この場合、落語には、面白いだけじゃなくて、グッと泣かせる噺もあるという〝奥行き感〟を、初心者にこそ持ってもらえればと思っている。とは言いつつも、いきなり「ねずみ穴」のような笑いのない人情噺をかけるわけにはいかない。やはり笑いも多く、なによりわかりやすい噺をとの配慮が働く。

「初めて独演会を企画してもらった場所」というのは、「今後、この会が継続してもらいたい」という願いを込めて落語をやる。これは私のみならず、他の落語家もみんなそういう心積もりで臨んでいるはずだ。

落語家にとって一番うれしいのが、「各地で独演会を開いてもらうこと」である。むろん、異を唱える人もいるだろうが、私はそう感じている。ここがテレビタレントとの違いである。

独演会を開く労力たるや大変なもの。会場選び、チケット販売、集客、会場費プラス交通費プラス出演料というハードな負担を乗り越える主催者さんあればこそ、と思えば、終演後お客さんに来てよかったと笑顔で帰ってもらうには、オチが納得行く噺を選びたい。

おしまいの「懇親会とのセット」。「落語を聞くと飲みたくなるんだよね」という声をよく耳にする。この噺は大酒飲みが出てくる噺だから、うってつけだ。これも落語が共感の笑いたるゆえんだ。

「抜け雀」、あらすじはこうだ。

東海道小田原宿は相模屋という寂れた旅籠。ここに自らを画工と言い張る大酒飲みの長逗留の客が現れ、無銭飲食の形《カタ》として五羽の雀の絵を描いて去った。

「また一文無しを泊めやがって」と亭主をなじる女房だったが、あくる日、その絵から雀が抜け出してまた戻ってくるということが判明し、それが話題となり一気に繁盛し始める。時のご領主・大久保加賀守様が「千両で所望したい」と申し出る有様だ。

そんななか、一人の老人が訪れ、絵を見るなり「この絵には落ち度がある。止まり木がない。このまま飛び続けていれば、やがて絵のなかの雀は死ぬ」という。困惑した亭主を尻目に、老人は翌朝、鳥かごを描き加えて去っていく。

すると、それがまた評判となり二度、目にしたご領主さまが「二千両でもほしい」とさらに値を上げ、またどんどん客が増えてゆく。

そんな折、最初の大酒飲みの客が、立派な出で立ちで再びやってくる。さる西国筋の大名に仕官が叶ったとのこと。久しぶりに絵を見て、鳥かごが付け加えられているのを知り、泣いて詫びる。老人は大酒飲みの父親だったのだ。

「あなた、親孝行ですね。名人が二代続きましたよ」

と絶賛する宿屋の主に、

「いや、わしはまだまだ未熟者だ。よく見ろ、親の加護（籠）のおかげで助かった」

さてこの名文句、なんと解く？

このオチは談慶オリジナル。オチを始め、自分で作ってもいいんだよ。

そのココロは？

「え?! そこかよ」かもですな。本来のオチは、じつはまくらから伏線を張らないとわからないもの。

「昔は、駕籠《かご》かきというのは無頼《ぶらい》の輩《やから》が多い商売だといわれておりまして。『おい、まるで駕籠かきみたいな乱暴なマネはよしなよ』と小言にも使われるぐらいで」と、「駕籠かき＝マイナスイメージ」という前置きをしておいて、で、オチが「あなたは親孝行ですね。名人が二代続きました」「いや、主、わしは親不孝だ。よく見ろ、親を駕籠かき（籠描き）にした」となるのが、もともとのスタイルなのだ。ただ、これどう思う？

むろん、従前通りのスタイルを否定するわけではないが、わざわざオチの説明をするためにまくらの部分で仕込まなきゃいけないのと、さらには、「駕籠かきにした」と悲しむという、今では職業差別とも捉えられかねないオチをもってきているということになんとも違和感を覚え、なにかいいオチはないかと探っているうちに閃《ひらめ》いたのが、駕籠と親の加護とをかけたこの自作のオチである。

地口オチ（駄洒落）だからレベル的にはさほどでもないのだが、〝落ち（オチ）を語る〟のが〝落語〟の身上だとすれば、手前味噌だが理にかなっているものと自負している。このオチを言った瞬間に客席からため息が漏れることがあるのが、なによりの証拠だ。あと、この噺、なんと言っても父と息子との距離感が、ほどよくドライで小気味いい。離れながらも息子を思う父親と、父親のすごさもそしてその感謝も本人には言わない息子。日本人らしい照れも垣間見えて、本当にほのぼのする。くどいようだが、こんないい雰囲気が漂うからこそ、従来のオチはやはり変えるべきだとつくづく思う。

談志はそういう、オリジナルのオチ作りにかなり心血を注いでいた。私が真打ちトライアルで選んだ「藪入り」という落語もそうだった。

奉公先から大金を持って帰ってきた倅《せがれ》を、てっきり盗んだものと誤解した父親が殴るのだが、ねずみの懸賞金が当たったのだと発覚し、「主人を大事にしなよ、みんなこれも忠（チュウ）のおかげだ」と言って下げる噺だ。

私は、その大金は、「金銀でいうなら、金ぐらいの大金だよ」と女房に言わせておいて、父親が最後に「ねずみの懸賞か。だから俺は『悪い金（菌）』だと思ったんだ」というのに変えてみた。

談志は、このオチについて、「待てよ、しばらく考えさせろ。お前よりもっといいのを考えてやる」とその会の打ち上げの席で言い放ち、何日かしてから、

「あそこでな、『忠のおかげだ』と父親が言った後、女房が、『よく言うよお前さん、猫ババと思ったくせに』って下げるのはどうだ？　少なくともお前の考えたヤツよりはいい。このオチ、お前が使ってもいい」

と、わざわざ電話をよこしてくれた。

古典落語を金科玉条のごとく扱おうとするのではなく、その風味を壊さないようにわかりやすく変えていくのも現代において〝江戸の風〟を吹かせるためには必要なのだと、談志のそんな姿勢を見て強く感じた次第だ。おそらく過去の落語家たちも、そうやって時代時代に応じて、オチをはじめいろいろな箇所を上手にアップデートしつづけてきたからこそ、落語はこの平成の世にも継続しているのだと確信する。**落語はオチを変えることをはじめ、とにかく自由なもの**なのである。

笠碁《かさご》の名文句

「だいたい、あいつは強情だよ」

あらすじと解説

この噺はまくらに「碁敵《ごがたき》は憎さも憎し懐かしし」というセリフを振るが、この微妙な距離感こそ、この落語の醍醐味だ。切っても切れない、気がつけばいつも二人だけというような間柄って、しみじみいいなあと思う。それが年を重ねれば、なおさらのはずだ。

〝友情〟とか言葉にすると照れ臭いし、馴れ合いっていえば馴れ合いに違いないのだけれども、馴れ合いっていいなあと思う時がある。馴れ合いのなにがいけないというのだろう。だって人生なんか、死ぬまでの暇つぶしなんだから。

あらすじは、こうだ。

碁の好きな二人が、あれやこれや言いながら碁を打っている。

「今日は一つ待ったなしでやってみませんかな?」

「のぞむところですよ」

と早速打ち始める。

「では、こんなんで」

「……こりゃあ、勘弁してもらえませんか?」

「待ったなしですよ!」

「そうじゃなくて、……どけてくださいな」

「だめです」

お互いその強情な性格からか、頑《かたく》なに言い張る。しまいには片一方が、昔カネを貸したことまで言及し始めた。こうなると売り言葉に買い言葉。付き合いも長かったこともあり、エスカレート。ついに二人は興奮してお互いに「へぼだ!」「そっちこそ!」。そして、「帰れ!」「帰る!」「なに言ってやんでぇ。二度とくるな!」と喧嘩別れとなる。

何日かして雨が降る午後、片方が
「よく雨が降るねぇ、こんなときにあいつがきてくれたらねぇ。あいつ、どうしているかなぁ」

そして名言「だいたい、あいつは強情だよ」を呟《つぶや》きつつも、今になって「待ったなしなんて言うんじゃなかった……」と後悔する。かといって呼びにも行きづらい。

でも、そろそろ来るのではと、男は店先に碁盤を置いて、もう一方の相手を待つことにする。やがてそんな相手も、家でゴロゴロしていてどうしようもないから、女房に勧められて古い笠をかぶってやってくる。

「おや、来やがった。……あれ、向こうを向いて歩いてやがる。妙な笠かぶってやがる。こっちを見やがれ、こっちを。碁盤が目に入るのに。おい、茶と羊羹出しとくれ。……あ、向こう行きやがった」

と待ちに待った碁敵がきたのはいいが、入ってこないので我慢できず、「やい！へぼ！」と呼びかける。

相手も「へぼってなんでぇ。こっちが待ったをするなと言うのに、待ったを掛けやがって。へぼはどっちだ」

「言いやがったな。じゃあ、どっちがへぼか。勝負だ」

「よーし」

と関係は一瞬にして改善する。と、碁盤を差し出したのだが「……うん、碁盤が濡れているよ。ポタポタ雨が落ちてくるよ。恐ろしく雨が漏《も》るなあ。（よく見ると）お前さん、笠かぶりっぱなしだ」。

さてこの名文句、なんと解く？

「お前が言うな」と、自分のことを棚に上げるのは笑いの基本だよ。

そのココロは？

先代・柳家小さん師匠が磨き上げたこの噺だけれど、先代・金原亭馬生師匠の「笠碁」もほのぼのしていて乙な味わいだ。

この噺、聞き終わると、なんだかとってもほのぼのするのはなぜだろう。落語は江戸っ子のさびしさ解消装置、という自分の仮説の論拠を補強することも含めて、やはり落語は共感の笑いなんだよなあ、としみじみ感じるからかもしれない。まるで「トムとジェリー」そのもの、仲良く喧嘩し合うところがポイントだ。喧嘩は相手がいないと成立しないものだ。双方の言い分が、ある意味バランスよく対峙《たいじ》し、拮抗《きっこう》した状態でないと発生し得ない。

一方的にやり込めてしまうのは、唾棄《だき》すべきただのいじめか、暴力だ。均衡状態が前提であるからこそ、昔の人の揉《も》めごとの解決方法の一つである「けんか両成敗」が説得力をもつのだろう。

「お互い様」という、〝お互い〟に〝様〟という敬称をほどこすのだから、つくづくいい国だと思えてくる。そんな精神を敬称ならぬ継承してでき上がったのが落語の世界観なのだ。

この噺が好き過ぎる私は、碁盤が濡れたのは「笠から滴《したた》る雨粒」ではなく、「再び親友と仲良くなった喜びからくるうれし泣きの涙」のせいで、それに気づいた相方が「笠、被ったまんま」だよと見て見ぬふりの相手を思いやっての言葉だったのではと、妄想してしまう（ちょっとウェットすぎるかな）。

さて、この名言「だいたいあいつは強情だよ」で観客がクスっと笑うのは、みんな心のなかで「お前だよ！」とツッコミを入れているからだ。「**お前が言うな**」は**笑いの基本**だ。

東日本大震災による津波で原発事故が発生した時だったか、逃げの姿勢の東京電力に対して、カツラ疑惑のあるコメンテーターが「隠さないでほしい！」と声高に言った時には大爆笑だった。

人の道を説くべき立場の学校の先生や、警察官、弁護士などの性犯罪で感じる違和感も、「お前がいうな」的おかしさに近いものがある。

日頃の言動がブーメランになってしまっている人々の矛盾点などを、庶民はきっとこんなセリフを通じて笑い合ってきたのだろう。これは決して上から目線ではなく、もしかしたら自分も笑われる側に入ることがあるかもしれないという下から目線に基づいた感覚だ。だから、落語は誰にでも優しい。まさに〝お互い様の笑い〟なのだ。

「笠碁」を飛躍させると、衝突回避コミュニケーションとしての理想像が浮かび上がってくるようにも思える。「相互にフィフティフィフティの立場だと認め合う状況での言い合い」はそれ自体がフラストレーションの解消になり得る。肉体的な暴力の手前での寸止めだ。

そしてさらに一番のポイントは、**その言い合いの題材が「低レベルであること」だと思う。そこに救いがある。**

それにしても、こんないい噺なのに、師匠談志がやらなかったのはなぜか。やはり、小さん師匠のすごさを目の当たりにしてしまったからだろうか。

この手の噺は小さん師匠に敵《かな》わないから、談志は、理詰めでの落語という新境地と新機軸を打ち出して一世を風靡したのではないだろうか。

逆に理屈にこだわる者同士の諍《いさか》いを描いた談志流「笠碁」も見てみたかったなあと思ったが、黄泉の国から師匠の声で「だったらお前が作ってみろよ。いつまで俺に頼るつもりだ」とのお叱りが聞こえてきた。

そういえば、この噺、一度ネタ下ろしの会でやってはみたが、そのままになっていた。いまふと思ったが、小さん師匠と師匠談志の二人が揉めている「笠碁」、作ってみようか。「だいたい師匠は生意気だ」「お前に言われたくねぇ。つうか普通、師匠にそんな言い方するか、ばか野郎」。

実際、生前二人の最後の場面を目撃した貴重な経験もあるのだから。面白そう！

第二章　すかっと編

文七元結《ぶんしちもっとい》の名文句

「あたしゃ、鬼になるよ」

あらすじと解説

三遊亭圓朝が、江戸の町を支配すべくやってきた薩長土肥《さつちょうどひ》の幹部連から「江戸っ子というのは、どういうものか」と問いかけられ、「これが江戸っ子です」と言って「文七元結」を作ったといわれている。

談志の「江戸っ子」の定義によると、

「幕末から明治の変換期、いわゆる御一新の時に、佐幕派につくか、倒幕派につくかの了見の違い」

とのこと。むろん、前者が江戸っ子で後者が非江戸っ子というわけだが、そんな背景でこの噺を見つめると、「お前らが土足で入ってきたこの江戸にはこんな気風が流れているんだ。どうでぇ、この噺の良さがわかるかい」という、根底に痛烈な批判の匂いが立ち込めているように感じる。

あらすじはこうだ。

仕事の腕は名人級なのだが、酒とばくちに溺れる日々が続く左官の親方・長兵衛。帰宅すると女房が「娘（お久）がいなくなった」と泣いている。「探せ」「探したよ」と揉めている二人の元に、吉原の大店「佐野槌《さのづち》」から藤助《とうすけ》がやってくる。お久は佐野槌で預かっていることが判明し、長兵衛は着のみ着のまま出かけてゆく。

佐野槌の女将から、お久は長兵衛の借金を支払うために身体を売ろうとここへやってきたと聞かされ、長兵衛は驚く。そこで女将は長兵衛に五十両という大金を貸すことを持ちかける。

「いつまでに返してくれるんだい」

「来年の大みそかまでには必ず返します」

さらに女将は続ける。

「それまでにこの娘を預かるよ。もちろんお店には出さないで、私の身の周りのこと手伝ってもらうだけだから安心して。でも、途中でお前さんがばくちをまた始めたとか聞いたり、来年の大みそか、一日でも返済が遅れたら……」

ここで名言を吐く。

「あたしゃ、鬼になるよ。この子を店へ出す」

覚悟を決めた長兵衛は五十両を懐《ふところ》に納め、佐野槌をあとにする。

その後、吾妻橋で身を投げようとしている近江屋の手代《てだい》の文七を発見、身を呈《てい》して止め、そのわけを聞くと、集金の帰り道、五十両という大金をすられてしまい死んで詫びようとしていたとのこと。

長兵衛はものすごい逡巡《しゅんじゅん》の後、娘を売って得た大金、五十両を文七に叩きつけて去っていく。

文七が店に戻ると、じつはすられたと思っていた金は先方に置き忘れていただけと判明し、吾妻橋での出来事を旦那・近江屋善兵衛に打ち明ける。

翌朝、善兵衛は文七を連れて長兵衛宅を訪れる。長兵衛の家では昨夜から五十両を巡って一晩中、夫婦喧嘩の真っ最中だった。

善兵衛は昨晩の顚末《てんまつ》を話し、文七へ渡した五十両を返す。そしてそこに、艶《あで》やかに着飾ったお久が善兵衛に身請《みう》けされた格好で駕籠に乗せられてやってくる。長兵衛の心意気に、善兵衛が惚れたのだった。

やがて、この文七とお久が麴町貝塚に小間物屋を開き「文七元結」という元結を売って大繁盛したという、めでたいお話。

さてこの名文句、なんと解く？

ばくち打ちだらけの江戸っ子を陰で支えていたのは、女だったんだよ。

そのココロは？

この噺、一言でいうならば「**江戸っ子とは、全員ばくち打ちなんだぜ。ここに住むということは、その覚悟を問われるんだぜ**」と圓朝が断言しているのだと確信する。

まず長兵衛がばくち打ち。そしてそんな人物を亭主として選んだ女房もばくち打ち。で、長兵衛のＤＮＡを受け継いだ娘のお久が、身体を売ろうとしてまで父親の改心に賭けたという点でばくち打ち。

そして、それにほだされた名言の主である佐野槌の女将が、ばくち打ちの長兵衛に五十両を貸すのみではなく、もし返さなかったら娘を女郎にしてしまうという枷《かせ》を施す。

私はここで女将に、

「長兵衛さん。お前さん、五十や百だのと、ちんけなばくちにうつつを抜かしてるんじゃないよ。この子は身体を張った。あたしはこの子に負けないようにお前さんに賭けてみたい。さあ、今度はお前さんの番だよ。男だったら覚悟を決めて一世一代のばくちをお打ち！」

とけしかけさせている。そういう意味でいうと、ここでのこの女将のポジションは、長兵衛とお久という二人のばくち打ちを俯瞰で見つめている「ディーラー」であり、また自らも大きなばくちをしようとしている女ばくち打ちでもある。

ズバリ言う。**「文七元結」の肝はこの佐野槌の女将なのだ。**その彼女を偶像化するならば、「親の借金のカタとしてこの里に売られ、以来幾多の地獄を見つめてきた菩薩」といったところだろうか。

私はそのイメージでさらに妄想を重ねて、

「あたしゃね、親の借金を帳消しにするためにここに売られてきた。帰り際にあたしを売った親父の下卑《げび》た薄笑いをいまだに忘れちゃいない。許すもんかね。地獄に落ちろと思ったよ。なのにこの子はなに。あんたの借金をなんとかしようと自分でここにきた。自分で自分を売ろうとした。あたしゃ負けたよ、こんな小娘に」という鉄火なセリフを彼女に吐かせている。

長兵衛はディーラーたる女将に応えて、一世一代のばくちを打つ決意をする。そして吾妻橋にて、「紛失したと誤解したお金のために命を捨てる、ばかなばくちを打とうとする文七」が現れ、しまいには、「見ず知らずの若者を救うために、娘を売った大金をまるごと渡してしまう長兵衛に賭けようとした近江屋善兵衛」がしんがりに控えている。**つまり「文七元結」とは、ばくち打ちオールキャストの一気通貫の噺なのだ。**

考えてみれば、「宵越しの銭は持たない」という江戸っ子スタイル自体がばくち的だ。それは前述した「寂しさ解消」という目的も果たすばかりではなく、江戸の経済をも回し続けた。「カネを貯めこむ」のは「ばくちの放棄」、つまりは江戸っ子の風上にも置けないヤツと唾棄した。

そんな口先ばかりでハラワタのない落語の登場人物に代表される江戸の男たちは、陰でいつも凛として佇《たたず》んでいる女たちに、いわば甘え続けてきた。落語に出てくる女性たちが概《おおむ》ねクレバーなのは、それが理由だろう。

談志は「この世の中は、男が勝手に作って、男が勝手にだめにしちまったんだ」

といつも言っていた。これはある意味、ポテンシャルが高い女性に期待する声でもある。ま、これも広義でいえば「女性に対する甘え」なのだろうけどね。

新興都市たる江戸を構成、そして継承し続けてきた名もなき男たちの裏側には、佐野槌の女将のような名もない女たちの叫び声があったはずである。

そんなささやかな声をも、掬《すく》い取ろうとしてきた作者たる圓朝と、それを受け継ぎ発展させ続けてきた諸先輩の落語家各位の「メタ認知」に改めて敬服する。裏側にこそ真理あり。

こんにゃく問答《もんどう》の名文句

「てめぇんとこのこんにゃく、十丁で幾らかって聞かれたから、高ぇとは思ったけど五百って言ったら、しみったれた野郎じゃねえか、三百に負けろってぇから、あかんべえをした」

あらすじと解説

ほんとよくできている古典落語だ。

このウェルメイドぶりゆえ、談志は「これ以上、変えようがないから逆につまらない」と言っていた。あと「この噺は仏教批判だ」とも定義していた。この噺の存在を許してしまうのだから、仏教という宗教は本当におおらかだともいえよう。イスラム教徒が同じ内容の落語を作ったら、殺されるはずだ。

上州安中の在に、蒟蒻《こんにゃく》屋さんで六兵衛さんという人がいた。この人は若い時分江戸で親分とか兄ぃとか呼ばれていたが、今は堅気《かたぎ》の蒟蒻屋。江戸で食いつめた八公がここに厄介になっていた。

「ものがてぇ（物堅い）田舎に元気な者を置いておくわけにはいかないから、江戸に帰るか」

「兄貴、すまねえが、この地が気に入ったのでここに居たい」

「ならば、村はずれの寺で住職を探していたから坊主になれ。お前は頭が坊主だから丁度合う。お経もイロハを並べておけばいい」

などと、いい加減な流れでインチキ坊主が出来上がった。そんなこんなだから八公は寺に入っても、いい加減な日々。今日も寺男の権助と二人して茶碗酒をあおっていた。

すると、玄関で人の気配がしたので出てみると、永平寺からきた若い旅僧が問答をしたいという。問答で負けたものは唐傘を背負わされ追い出されるのがこの寺の宗旨ゆえ、八公は急場凌《しの》ぎに「和尚は留守だ」と言い逃れようとしたが、「明日から毎日くる」と言い残して去っていった。

ならば、寺の家財道具を全部道具屋に売って、路銀《ろぎん》（旅費）にして逃げちまおうと二人で算段していると、そこに蒟蒻屋の六兵衛さんが顔を見せた。訳を話すと六兵衛さん、

「俺が住職になってやる。問答なんか知るもんか。なにかあったら煮え湯ぶっかけて、本堂の裏に埋めちまえ」

と話がまとまり、三人して飲みながら翌朝を迎える。

さて翌朝。そこに旅僧が入ってきた。六兵衛さん扮するインチキ坊主に対座して旅僧が問答を仕掛けた。

「東海に魚あり。尾も無く頭も無く、なかの支骨《しこつ》を絶つ」

「法華経《ほけきよう》五字《ごじ》の説法は八遍《はつぺん》に閉じ、松風《しようふう》の二道《にどう》は松に声ありや、松また風を生むや。有無の二道は禅家悟道《ぜんけごどう》にして、いずれが理なるやいずれが非なるや。これ如何《いか》にぃ！」

なにを尋ねても六兵衛さんが答えないのを、旅僧は禅家の無言の荒行だと悟り違いし、今度はジェスチャーで問いかけた。両手の親指と人差し指で自分の胸の前に輪を作って前へ突き出す。すると六兵衛さんは両手で大きな輪を作って見せた。

「ははっ」

旅僧は大きく平伏をして、さらに問い直す。

今度は十本の指を前に突き出した。六兵衛さんはそれを見ると、五本の指をグッと突き出した。またまた相手の旅僧、平伏す。

おしまいに、旅僧は三本の指を立て前に突き出す。六兵衛さんは目の下に指を置き大きく「あかんべー」の形で答えた。「参りました」と言って逃げ出したのは旅僧のほう。

八公が訳を聞くと、

「大和尚の胸中（指で丸）はと聞くと、大海のごとし（両手で丸）と応え、十方世界（指十本）はと問うと、五戒（指五本）で保つと答えられた。三尊の弥陀（指三本）はと聞くと、目の前を見よ（あかんべー）と答えられた。畏《おそ》れ入りましてございます。修行し直してまいります」

八公は喜ぶが、六兵衛さんはカンカンに怒っている。

「あいつは永平寺の坊主ではない。あの乞食坊主、こっちが蒟蒻屋の親父だと見抜いていやがった。おまえの店のこんにゃくは小せえ（指で丸）だろって言いやがるから、でけえぞ（両手で丸）と答えてやった。こんにゃく十（指十本）丁でいくらだと聞きやがるから、高いと思ったが五百文（指五本）だと答えると、しみったれた野郎だよ、三百文（指三本）にまけろって言いやがるから、あかんべーをした」

最後に番狂わせを起こすのは、無欲で物に動じない奴だ。

そのココロは？

この噺、やっていても、もちろん聞いているお客様にも、語り終えた後、聞き終えた後、爽快感を共有しているような感覚に包まれる。大衆はどこかで、「番狂わせ」を待望しているのかもしれない。

特に現代は、順当勝ちだらけの閉塞感漂う毎日だから余計だ。順当勝ちを収めるのも必死で、むろん、その努力は敬意に値すべきと認めるが、それでもやはり下馬評を覆すようないわゆるジャイアントキリングに大衆はときめくものだ。

古くは大相撲では「大鵬に一番勝っただけでも自慢できるよ」と言われていたそうだ。高校野球でも二一世紀枠で出場したチームが優勝候補相手に大善戦するのを観ると心は完全に奪われてしまう。

そういった番狂わせと、この噺の六兵衛さんとの共通点は、〝無欲〟であることかもしれない。勝ってやろうとかの娑婆《しゃば》っ気のような思いはまったくなく、とにかく今のみを見つめていたともいえる。

この落語から哲学を浮かび上がらせるとしたならば、「なにも持たない奴は、さらに欲を捨てて挑むべきだ」ということかもしれない。**与太郎もそうだが、欲のないヤツというのは、ある意味、弱点や攻めどころがないということだ。**

あともう一つ、やはり「間の怖さ」もこの落語を通じて感じ取ってもらえるはずだ。今回、旅僧の敗因を一言いうのなら、無言に耐えられなくなった自滅である。**感情にまかせて言葉をぶつけてくるような人には、黙っているほうが不気味に受け止められる。**

滅多にないことだが、タクシーに乗ってやたら態度の悪い運転手さんにぶつかってしまったら、私はこの噺を見習って、とにかく黙って行き先だけを言うことにしている。二人だけの密室空間での沈黙は辛いものだ。いつの間にか運転手さんが勝手に詮索して気を使い始めてくれる（お試しあれ）。怒鳴るエネルギーは無駄だもの。

人間とは、無言でいるとそこにできた空白を咄嗟《とっさ》に埋めようとする社会的動物なのかもしれない。これをうまく使わない手はない。相手に不安を与えるということは同時に相手に対して主導権が握れるということをも意味する。

余談だが夫婦喧嘩でもカミさんに黙られると、私はすぐ白旗を挙げる（さらに余談だが、夫婦円満の秘訣は、自分に落ち度がない時も謝ることだ）。無言は、武器というよりは、不気味そのもの。ＳＮＳで絡まれても無視するに限る。こんにゃくだけに難問ならぬマンナン解決は沈黙にあり。

唐茄子屋政談《とうなすやせいだん》の名文句

「お前なら、助けるんじゃなかった」

あらすじと解説

落語の登場人物のなかでも、おなじみの若旦那が出てくる噺だが、これは、若旦那の成長の一ページともいうべき、青春記のような風情のある噺だ。誰もが覚えのある、若い頃の通過儀礼的な展開を追体験し、目を細める人も多いのではなかろうか。

あらすじはこうだ。商家の若旦那・徳兵衛は、道楽が過ぎて勘当され、「お天道様と米の飯はついて回りますから」と言い切って家を飛び出したのはいいが、親戚を頼っても相手にされず、友人からも見放され、吾妻橋から身を投げようとする（吾妻橋は落語のなかでは、自殺の名所というより自殺未遂の名所か）。

そこへ若旦那の叔父が偶然通りかかり、助けたのはいいが若旦那だと悟るや否や、名言「お前なら、助けるんじゃなかった」を吐く。

助けられた若旦那は、叔父の家で食事をふるまわれ、「一生懸命、生きます！　なんでもやります！　助けて下さい！」と真人間になることを約束する。

翌朝、若旦那は叔父の職業、棒手振り、つまりかぼちゃの行商人をやることになる。ひとりで慣れない重い荷物を担いで歩くうち、転んでかぼちゃをばらまいてしまい、思わず声をあげる。すると、その叫び声を聞きつけた人々が集まり出し、身の上話を聞いて同情し、寄ってたかって買ってくれた。

軽くなった荷を担ぎながら、他の棒手振りに負けじと売り声を出そうとし、ひと気のない田んぼ道で売り声の練習をしているうち、そこが花街（吉原遊廓）の近所であることに気づく。頭のなかを過ぎるのは遊女との甘い思い出。そこに浸るうち、売り声が自然と小唄の「今朝の別れ」になってしまう。これまでが「序」の部分。

さて後半。若旦那は、気を取り直して歩き出す。裏長屋を通りかかり、女に呼び止められて、かぼちゃを一個売り、自分の弁当を食べる場所を貸してほしいと頼む。若旦那が腰かけ、弁当を食べようとすると、幼い子が駆け寄って、弁当をねだり始める。女は「夫に先立たれ難儀している」という身の上話を聞かせる。同情した若旦那は、子に弁当を与え、女にかぼちゃの売上金を押し渡して帰る。

若旦那が叔父の元に帰り、今日あったことを説明するが、叔父は「嘘をつけ！どうせまた遊びだろ！」と言い、なかなか信用しない。仕方なしに叔父を裏長屋へ連れていくと、住民が母子の長屋の前に集まっている。聞くと、「親切な唐茄子屋のあとを追いかける途中、因業大家と出くわしてしまい、持っていた金を取り上げられ、それを苦に心中を企てた」という。

怒った若旦那は、大家の屋敷に飛び込んで大家を殴り、長屋の住民もそこへ加勢して、大騒ぎになる。

その後、奉行所の裁きの結果、大家は厳しい咎《とが》めを受けることになる。母子は、周囲の介抱の甲斐あって健康を回復、当の若旦那も、母子を助けた功が認められ、奉行所から金を受け取ることになり、実家の勘当も解かれることになった。

さてこの名文句、なんと解く？

世の中、一見不親切な本当の親切、一見親切な本当の不親切がある。

そのココロは？

この噺を聞くたび、そしてやる度に、ワコールでの新入社員時代の話を思い出してしまう。

今では信じられないようなバブル経済の入り口の時代で、就職難という洗礼を経ずに、イメージだけをよすがに入社先として選んだのが、ワコールだった。

新人研修時代、配属先の新宿店でトレーナーとして私を受け持ってくれた人が、体育会上がりの鬼軍曹のような人で、「横浜そごうから値札二〇万枚持ってこい」というような無茶振りを平気でする人だった。パワハラという言葉がない時代のことである。

季節は真夏。指示に従うしかない若造が、腕がちぎれるかと思われるほどの指定されたそれ（推定二〇キロ）を必死に持ち歩く姿は、明らかに異様。ワイシャツにへばりつくおびただしい汗と呻《うめ》き声とが相まって、電車内ではシルバーシートに座る年配の女性が、席を譲ってくれようとしたほどだった。

意識朦朧《もうろう》とするなか、その時だった。この落語が突如、脳内再生されてきた。「炎天下のかぼちゃ」と「値札二〇万枚」がパズルのように一致したのだ。「あ、徳兵衛と同じだな」。こう思った途端、なんだか自分の抱えていた難問がじんわりと分散されたような気になった。

「『唐茄子屋政談』そのものじゃん、今の俺って」

人間、置かれた立場を一瞬でも自分と同質のフィクションに仮託することで救われるのだ、と体験した瞬間だった。

それは同時に落語の可能性も悟るきっかけになっただけではなく、また「同じ辛い思いをするのならば、憧れた人の下でキツイ目に遭おう」と談志門下への入門を決意することにもつながった。

たった一度の出来事に過ぎなかったが、前座として師匠からの罵詈雑言《ばりぞうごん》を食らうなどの厳しい現場に出くわした時に「カタギに戻ったとしてもあんなひどい場面はあるんだぜ。どっちにしても生きていくのに楽なことはない」と、あの日あの時を思い出すことで乗り越えられたものだ。

あの思い出したくもない重量感溢れる値札二〇万枚が、何年か経った後、私を落語界から離れないように繋ぎ止めた重しへと変化していたともいえる。人間、なにが幸いするか、ほんとわからない見本だ。

翻って今回の名言「お前なら、助けるんじゃなかった」は、ブラックジョークとしての受け場でもあり笑いも多い箇所だ。

が、その後の叔父さんの若旦那に対する愛情溢れるアプローチをみると、その名言は買いかぶりかもしれないが、「一見、不親切な本当の親切」としか思えない。**本当の優しさは読解力を要するべきものなのだろう。**まさに談志がそういう人だった。

落語の本質がそのような構図である以上、それを継承すべき師弟関係もかくあるべしという覚悟が、談志にはあったのではと、今となっては感謝するしかない。もしかしたら、新人サラリーマンにしても前座にしても、**修業中の身の上は、すべてを前向きに受け止める感覚を養うための受け皿作り期間なのかもしれない。**間違いなくワコール時代にいい思い出だけだったら辞めなかったはずだと思う。

それにしても、「唐茄子」って、かぼちゃのことなんだよね。「かぼちゃ屋」はご存じ与太郎が出てくるくだらない噺だが、「かぼちゃ」が「唐茄子」に呼び換えられた瞬間、こんな深い噺にも変貌してしまうといえなくもない。語感って大事だなあと余談だがしみじみ思う。

紙入《かみい》れの名文句

「よしんば見つかったところでよ、てめえの女房を取られるような野郎だよ。そこまでは気が付かねえだろ」

あらすじと解説

よくできた艶笑《えんしょう》噺の一つである。短い時間で受けさせなければいけない時などには頻繁にかけられるネタである。でも、やはり若いうちは遠慮すべきネタなのかもと思った。五〇過ぎてやっとしっくりきた感じがする。

「落語家は枯れてきてからが勝負だ」なんて利いた風なことをいわれると、いまだ違和感しかないが、ことこの噺に関してはならなんとなくわかるような気がする。この手のエロ系は、若いうちはギラギラしてしまう。やはり落語はお客さんが想像する芸。ギラギラするのは演者ではなく、お客さんのほうなのだ。

あらすじはこうだ。

大店の手代の新吉は出入り先のおかみさんに誘惑され、旦那の留守中にせまられていた（私を含め、一度は寝てしまうという演出をする落語家もある）。「今日は帰ります」というと「帰るなら先月のことを、旦那にばらすわよ」と脅され、飲めない酒を無理して飲むことになる。

するとムラムラと高揚も手伝って、いざ布団に入り、本番……。さて、好事魔多し。そんな時にいきなり旦那がご帰宅、慌てた新吉はおかみさんの計らいで辛うじて脱出に成功する。

もうやめようと決意する新吉だったが、旦那からもらった紙入れを、現場に忘れてきたことに気づく。しかも、紙入れのなかにはおかみさん直筆の『今晩また会いたい』という手紙が入っているという絶体絶命の危機である。

焦った新吉は逃亡を決意するが、まずは様子を探ろうと、翌朝一睡もせず再び旦那のところを訪れる。出てきた旦那は落ち着いている。それが新吉には不安で、逆にやたらと新吉がおどおどしているのを旦那が不審に思い問い質すと、新吉は「国へ帰るほど悩んでいる」と打ち明ける。

「俺はお前の親代わりだ。その悩みを打ち明けてみろ」と旦那が水を向けると、じつは「お得意先の女将さんとデキてしまった（そういう間柄になってしまった）」と白状する。むろん、自分のカミサンとは微塵《みじん》にも思わず、「他所のうちのカミサン」だと確信している旦那が、あくまでも優しく新吉にアドバイスをするのだが、新吉のちぐはぐな応対に「置き忘れた紙入れ」を巡ってちんぷんかんぷん。

そこにいま、起きたばかりといったていで浮気相手のカミサンが通りかかる。旦那が新吉の失敗を話すと、カミサンは「旦那の留守に浮気するようなしたたかな女だよ、そんな紙入れが落ちていれば旦那が気づく前にしまっちゃって、あとで新さんに返す手はずになっているから大丈夫」と新吉を安堵《あんど》させる。

旦那が笑いながら続けて、

「そりゃそうだよ。よしんば見つかったところでよ、てめぇの女房を取られるような野郎だよ。そこまでは気が付かねえだろ」

さてこの名文句、なんと解く？

いつの世の中も、女は利口で、男はばかなのさ。

そのココロは？

落語が能などと大きく違うのは、自分なりにセリフや演出を変えても全然平気な点だと思う。お客さんが喜んでくれているのが前提で、さらにそこに談志曰く〝江戸の風〟が吹いているのを感じさせたらＯＫなのだ。

要するに自分なりのカスタマイズが可能な芸能で、逆にそうし続けないと、認めてもらえないのが現状でもある。というわけで、私は、「新吉とそのカミサンとは一度は寝ている」という設定にしてやっている。

そのほうが、新吉の絶対絶命な切迫感が伝わるからとの配慮だ。ただそうすると、あくまでも未遂で終わるべき本来の「紙入れ」の持つ、あっさり感が消え去ってしまう。

演出は美味しいところ取りができないものだ。つまり両立しない。痛し痒しでもある。もっというと、この噺、旦那が名言でもあるオチを言い放った後、カミサンが、「そうよねえ、ほんとつくづくばかな亭主よね」と念を押した後、旦那が「まったくその通りだ。そいつはここにいるんだけれどな」と自分の顔を指さすというオチもあると聞いた。

確かに面白いかもしれないが、落語を聞いたのちに感じるそこはかとない〝余韻〟がまったくなくなってしまい、このあと事件にすらなりそうな恐怖感が漂ってしまう。〝後味〟も落語の味わいの一つだもの。

さて、女性の優位性。実際に落語の設定は、完全に女性上位だ。落語が男社会で作られたことを考慮すると、完全に男性側からの理想ともいえる。我が家は完全にそうであるが、落語家の夫婦を見ても、ほぼ「かかあ天下」ばかりだ。

いや、中世日本史専門の網野善彦先生が「中世には女性の家督相続権もあった」といった内容のことを主張されている通り、もともとこの国は女性の地位が高かったのではと推察する。もっと遡れば、紫式部なんかは史上初の女性文学者でもあるし。談志もつねづね「カミサンしっかり、亭主おっとりでいいんだ。わかりやすい例が今の天皇陛下な」などと極端な具体例も出していたものだ。「**男は女に威張らせてもらっているだけなんだ。それを勘違いしてるばかな男が多いんだ**」とも言っていたっけ。

落語を生んだ江戸時代が大らかだったのに対し、明治政府は、列強に追いつき追い越せの立場を貫徹するためにも、徹底した男尊女卑の姿勢を取らざるを得なかったのだろう。だから選挙権も与えなかったのだ。それは、ポテンシャルが高い女性の可能性を予感し恐れていたなによりの証拠だと思う。

むろん、ここで明治政府はだから駄目だったなどと短絡的なことをいうつもりは毛頭ないが、おそらくそんな流れの発想からか、過去に「女性は子供を産む機械だ」と失言してしまって叩かれた大臣がいた。相当なバッシングを受けたが、「いや、そうではありません。私が言いたかったのは、女性が子供を産む機械という素晴らしい存在ならば、それに対して私ども男なんていうものは、スポイト程度の役割でしかないのです」と、男性側を落とすような言い訳にもってきたらよかったのにと思ったものだ。

「**女性は過去を『上書き保存』し、男性は過去を『名前を付けて保存』する**」とはよく言うけれども、そのくせ昔のことをよーく覚えているのも女性なのだ（だからこそ怖い）。

我が家もカミサンには頭が上がらない。なんだかこの構図、我が国にそっくりだと悟った。私＝一般国民で、カミサン＝高級官僚ならば、「一生懸命働いて生活費を稼ぐのは私＝一般国民なのに、その金を使うカミサン＝高級官僚のほうが偉い」のだから。でも、それでいいのだ。カミサンは「神さん」でもある。我が家のご本尊様なのだから。

たがや の名文句

「たが屋は、俺の親戚」

あらすじと解説

夏の風物詩、両国の花火大会を描いた古くからある江戸落語で、しかも地噺《じばなし》という、あらすじさえ守ればあとは演者が好き勝手に演じてもいいという、逆に演者のセンスを問われる難しい噺だ。

普通の落語家は、殿様の首が真横に払った刀に斬られ、スポーンと舞い上がって、「上がった、上がった、上がったー。たが屋ー」と落ちるのだが、談志は「たが屋」の首が斬られる演出を取っていた。

ま、ここでは談志版ではないほうのオチを記す。

江戸時代の花火屋といったら玉屋と鍵屋。しかし、玉屋は、時の将軍・徳川家慶公が日光に参詣する前日に火災を起こしてしまう。それのせいで、天保十四年五月に取り潰しになった。それなのに、なぜか掛け声はいまだに「玉屋〜」である。江戸っ子の判官贔屓《はんがんびいき》の極みのような経過でもある。

時は安永、川開きの当日の旧暦五月二十八日は花火大会が開かれており、両国橋は大勢の人でごった返していた。そんななか、お供を連れて馬に乗った侍が通りかかる。身動きが取れないのだが、侍達は町人達をかき分けて無理やり通ろうとする。

その時、反対方向から道具箱を担いだ、たが屋が通りかかる。混雑に加えて侍の登場だ、あちこち振り回された上に道具箱を落とした途端、なかに入っていた箍《たが》が弾けて、その先が侍の笠を弾き飛ばしてしまう。

その間抜けな姿を見てドッと笑う大観衆。さあ、頭にきたのはお供の侍だ。謝っているたが屋を手討ちにすると言い出した。「手討ちにされたら、たった一人のおっかさんの面倒を見る者がいなくなります。後生《ごしょう》ですからご勘弁を」と必死に取りなすが勘弁しようとはしない供侍。

一人の町人が痺《しび》れを切らして、「たが屋とは縁もゆかりもねぇけれども、俺はあいうの見ると黙っていられねぇんだ」と江戸っ子らしく漢気《おとこぎ》を発揮し「たが屋、悪くない！」と声を張り上げ、首をすくめる。

　すると、後ろにいた町人が「ばか野郎、お前が首を引っ込めるから俺と侍の目が合っちまうじゃねえか」という（ここも面白い箇所）。とうとうたが屋も堪忍袋の緒が切れてしまい啖呵《たんか》を切って、「やいサンピン（武士への侮蔑語）！　斬れるものなら斬ってみやがれ！」と開き直ってしまった。

　気圧された供侍が斬りかかってくるが、刀の手入れが「抜けば玉散る氷の刃」とはいかず、さび付いた上に、稽古もサボっていたせいで腕もガタガタ、あべこべにたが屋に刀を叩き落されてしまった。慌てて拾おうとするが、たが屋が手を伸ばすほうが早く、供侍は斬り捨てられる。それを観ていた最前の町人が縁もゆかりもないと言っておきながら、名言「たが屋は、俺の親戚」とのたまう。

　さあ今度は主侍。中間から受け取った槍をピタッと寸分の隙もなく構える。ところが一人やっつけて勢いがついているたが屋は、侍の突いてきた槍をひらりとかわし、横に回って槍の先端部分を切り落としてしまう。遣《や》り（槍）繰りがつかなくなった侍は、槍を放して刀に手をかける。が、たが屋が斬りかかるほうが早かった。侍の首が中天に舞った。

「上がった上がった、たが屋～♪」

さてこの名文句、なんと解く？

世間なんて無責任なものなのさ。

そのココロは？

談志はこの噺を「大衆の無責任」と喝破《かっぱ》した。たが屋と侍サイドでけんかになると、普段からの鬱憤《うっぷん》もあり、当然観客はたが屋側の味方となる。そのなかの一人が、威勢のいいことを言いながら首をすくめたり、たが屋とは無縁と訴える。だが、いざたが屋が供侍を倒した途端に、「たが屋は、俺の親戚」と言い放つ。そして数の理論をバックにする形でたが屋に大声援を送っておきながら、いざたが屋が侍に首を斬られると、今度は打って変わって侍サイドとなって無責任に「たが屋ー！」と言う。

この無責任さは、ツイッターを始めとする各種ＳＮＳで散見される。「匿名性にあぐらをかくと強くなる、人間の業」とも言うべきか。**この落語でワイワイガヤガ**

ヤいう名もなき町人たちを、ツイッターの匿名アカウントに置き換えると、日本人は昔から変わってないなあとつくづく思う。

「芸能人や政治家など著名人の失言」に対して正論をぶつけてくる人たちと、「たが屋は、俺の親戚」と言う、名乗らない町人との相似性をそこに見るのだ。

ひょっとしたら、アメリカ人よりも日本人がツイッターにはまるのは、そんな理由かもしれない。また一四〇字という字数制限も、俳句や短歌、川柳など、歴史的に文字数の少ない表現に慣れ親しんできた日本人のＤＮＡと親和性があると思うのは考え過ぎか。

かつて中国野菜が残留農薬の問題が遣り玉に挙げられた時、私は「中国野菜という表現をやめて漢方野菜にしたらどうか」とツイートした時に、左側の人から「ヘイトスピーチだ」と絡まれたことがある。ほんと、めんどうくさかった。

さて、この噺、確かに侍の首を刎《は》ねたほうが、大衆の溜飲《りゆういん》は下がるだろう。下克上とまではいわないが、日頃のストレスやフラストレーションはそこで一瞬は解消されるはずだ。ただ、後が怖い。おそらく主人の仇《かたき》とばかりに、後日たが屋も討たれてしまう姿が目に見えてくる。

ゆえにそこにテーマを持ってくると、「体制派 対 反体制派」という形で限定されてしまうような気がする。そうではなく、そんな狭いカテゴリーを超えたような「**人間本来が持つ可笑しみ**」＝「**大衆の無責任**」**にフォーカスしたほうがより落語らしい、しかも深い人間模様が浮かび上がってくるものと思う。**

どこに力点を置くかで、テーマはがらりと変わるのが落語の面白さでもある。逆にいえば、どんな落語でも、テーマの照射具合によって面白くなる可能性があるともいえる。

談志への批判として、「理詰めの処理は、落語の本来のばかばかしい面白さがなくなって、小難しく理屈っぽくなる」と伝え聞いたことがあるが、それこそ浅薄な理屈で、理詰めでロジカルなアプローチのほうが絶対に落語は面白くなるはずだ。

ロジカルは、平等だ。整合性さえクリアすれば誰もが仲間入りさせてもらえるような許容がある。ゆえにロジカルは優しいともいえる。談志は当時、前座だった私にさえも、

「俺が必死で構築しようとしている理論は、あくまでも仮説だ。これは！　と思うものがあれば、どんどん俺に言ってこい」

とよく発破《はっぱ》をかけていたものだった。「俺が嫌なら、俺を越えてみろ」。そう言い切っていた談志のすごさを改めて思い返している。

一眼国《いちがんこく》の名文句

「こいつは珍しい。二つ目をしている。調べは後だ。見世物に出せ」

あらすじと解説

この噺、中学時代の社会科の先生が「一つ目小僧の世界に行くと我々が異常に見えるんだよ」と言ったのを聞いて、「なるほど！」と思ったものだ。以後、すぐに落語に触れたわけではなかったが、「一瞬で真理をいってのける痛快さ」が落語にはあるに違いない、と大いなる予感を抱くに至った。

本格的に落語を聞くようになったのは、大学に入り師匠の落語に接してからだった。なにごとも頭から入るのはいまだに抜けきらない悪い癖かもしれない。反省すべきところだが、落語を聞かないその間、そんな予感が落語への「導火線」となったのは大きかった。

そういう意味ではこの「一眼国」のあらすじだけでも、子供などの初心者には積極的に伝えたいと思う。「他者目線」を養うためにも。

昔は、本所辺りを向両国《むこうりょうごく》といい、回向院《えこういん》を中心に見世物小屋が並んで賑わっていた。いんちきな小屋も多く、「世にもめずらしい目が三つで、歯が二つの怪物」がなかへ入ると下駄が片っぽう置いてあったり、「八間の大灯籠」が表から入ると手を引っ張られ裏口から突き出され、「表のほうから裏のほうへ、通ろう、とうろう」なんてふざけたもの、赤子を食べる鬼娘なんていういかがわしい物まであった。

両国で見世物小屋を持っている香具師《やし》が、諸国を巡っている六部《りくぶ》（法華経を広める巡礼の者をかってこう呼んだ）を家に上げ、六部が旅の途中で見聞きした珍しい物や話を聞きだそうとする。

要は、その話をもとに本物を探し出し、見世物小屋に出し、大儲けをしようという魂胆なのだが、六部は珍しいことはなかったと言うので、仕方なくお茶漬けを食べさせ、帰そうとする。

食べ終わった六部が、一度だけ恐ろしい目に遭ったことを思い出したので、お礼に置き土産にするという。巡礼の途中、江戸から北へおよそ一二〇三〇里の大きな原の真ん中の大きな榎《えのき》の所で一つ目の女の子に出くわしたという話。

これを聞いて喜んだ香具師はその出来事を紙に書きとめ、六部を送り出す。香具師は早速、支度をして北へ、一つ目を探しに旅立った。さんざん歩き続けて、大きな原に辿り着く。見ると原の真ん中に一本の大きな榎。

足を早め近づくと、「おじさん　おじさん」の子供の声がする。まさに「一つ目小僧」そのもの。内心「ありがてえ」と思った香具師は、「いいものあげるから、おいでおいで」といい、安心させてそばへ寄ってきた子供を抱え込んだ。

すると、びっくりした子供が「キャー」と叫んだ。その声をきっかけに竹法螺《たけぼら》、早鐘《はやがね》の音とともに、大勢が追ってきた。

子供も欲しいが命も惜しく、子供を放りだし、一目散に逃げ出したが馴れない道でつまづき、捕えられてしまった。

村の役人の前へ引き出され、回りを見ると皆、一つ目。

「これこれ、そのほうの生国はいずこだ？　生まれはどこだ？　なに江戸だ？　かどわかしの罪は重いぞ、面《おもて》を上げぃ……面を上げぃ」

「あっ、御同役、御同役、ご覧なさい。こいつ不思議だ、目が二つある」

「調べは後だ。見世物に出せ」

さてこの名文句、なんと解く？

コミュニケーションで一番大事なのはメタ認知だよ。

そのココロは？

文化なんて、発生した社会状況やそれに伴う価値観の相違があるから、比較して優劣など問えるものではない。一方を貶《おとし》めて一方を評価するというのはナンセンスで、それは自分の狭量《きょうりょう》な世界観を押しつけているに過ぎない。鯨《くじら》を食べるという食文化は、他国からその是非を問われるものでもないし、また自国においても、ご都合主義的に批判をされるべきものでもない。と、手前味噌にはならないような予防線を十分、張っておいた上で、この噺の素晴らしさを存分に称えたいと思う。これほどまでに自分以外の他者目線の存在を訴えている文学作品が、ほかにあったろうか。しかも笑いという高度な手法を用いて短くズバッと言い切ってもいる。

この噺を知っていれば、グリーンピースの横暴も、トランプ大統領の発言も、極論すべてをはじめ、飛躍させれば犯罪者の理屈など、一般には眉をひそめるしかないような発言も、瞬時にして把握できてしまう。魔法のような落語であると思う。

メタ認知とは難しい語句のように受け止められがちだが、要するに「俯瞰で観るセンス」のことだ。より具体的にいうならば、**「自分がこういう言動をすれば、他者はこういう感情を持つだろう」と予測する意識**のことだ。これをさりげなく発揮できる人は、企業内部においては出世し、男女間においてはモテる。「メタ認知力＝コミュニケーション能力」という等式が成立する。

これを高めるには、ひたすら地道に訓練を積み重ねるしかない。いや、訓練というよりもこういうクセを付けるよう振る舞うしかない。既存のテキストがそこにあるわけではない。私自身もまだまだ継続中だが、世の中のすべての現象をテキストとして捉えて一ページずつ書き足し、地道に更新してゆくことでしか身につかない気がする。

駅前でたばこを吸いながら歩く人、電車のなかでヘッドホンを音漏れさせている人、大きなリュックを後ろに背負ったまんまの人。いや反省材料のみではない。大荷物を抱えていた時にドアを開けてくれたコンビニの店員さん、大事な話を打ち明けようとした時に席を外してくれた蕎麦屋の見知らぬお客さん、良い材料も枚挙に暇《いとま》がない。

いや、もしかしたら、私に異例ともいうべき長期間の前座修業を課した師匠談志の差配も、その範疇に属すかもしれない（異例というより慰霊でもあるが）。いい落語を知ったなら、やはり実践に移したほうが絶対いいはず。落語はまさに行動哲学だと思う。

かつて作家の村松友視さんが、師匠談志に対して「落語に対して悪女の深情けになっている」という見事な表現をした。芸の上では到底無理だけれども（最大限の努力はするつもりだが）、落語に向き合う姿勢だけは受け継ぎたいと願う弟子の端くれとして、この噺の精神が世界中に行き渡れば、戦争回避にもつながるのではないかと期待を寄せている。

道徳の教科書に載せるべきなのは、教育勅語の文言ではなく、この噺ではないかとさえ思う。むろん、戦争回避のための万能薬なんてあり得ないが、少なくとも**「対話」のきっかけを作り、相手の話をひとまず受け入れる体質**にはなるものと確信する。この噺は、そんな可能性もあるのだ。

え？「買いかぶり」だって？　世の中は買いかぶりでできているのですよ。

宿屋《やどや》の仇討《あだう》ち の名文句

「しないよ。友達でもなんでもないもの、こんなやつ」

あらすじと解説

いわずと知れた大ネタである。やっていて本当に楽しい噺の一つである。この高揚感はどこからくるのだろうと考えてみたが、まず落語本来が有するばかばかしさと、タイプの違う登場人物を何人も描き分けることからくる痛快さと、オチのくだらなさか。

舞台は神奈川宿の菊屋という旅籠。万事世話九郎という侍が、

「昨晩、小田原宿の旅籠はうるさくて寝かしてくれなかった。今宵は静かなところで休みたい」

と言って泊まった。後から京大阪帰りの源兵衛・金八・吉蔵の三人連れがやって

くる。明日は江戸に帰るだけということで侍の隣部屋でどんちゃん騒ぎ。たまらず侍は「伊八、伊八！」と手代を呼び、

「これでは寝ることができぬ」

と苦情を申し入れる。伊八の「お隣はお侍さまです！　お静かに！」の一言に、三人は仕方なしに寝ることにするが、おとなしく寝られるわけがない。いつの間にか相撲の話から相撲を取ってしまい、また侍は「伊八、伊八！」と伊八を呼びつけ静かにさせる。

懲《こ》りた三人は「じゃあ今度は力の入らない女の話をしよう」となり、源兵衛が「上州高崎で、三浦忠太夫という侍の女房を寝取って、その義弟共々斬り殺し、百両の金を奪った話」をかますと、他の二人が盛り上がって、「源兵衛は色事師！」と、またまた大騒ぎ。すると隣の侍がまた伊八を呼び、

「拙者《せつしや》、本名は三浦忠太夫と申す。五年前妻と弟を殺《あや》められ、その仇を探すために、偽名を用いての仇を探す旅の途中である。隣の源兵衛と申す男こそ我が求める仇である。連れの者と一緒に今すぐ討ち取る！」

驚いた伊八が隣室に駆け込み、その事を話すと源兵衛は青くなり、「あの話は草津の湯のなかで聞いただけだ」と言う。伊八がそれを伝えたのだが、侍は、怒り収

まらず、

「明朝、宿外れにて出会い仇といたす。他の二人も助太刀をするであろう。それでも構わん。三人を取り逃がした場合はこの家の客、奉公人すべて皆殺しに致す。左様心得よ」

　と言い出したからたまらない。隣室に戻り、その話を打ち明け、

「あなたがたお二人も、助太刀をするでしょう」

と金八と吉蔵に問い質すと、名言「しないよ。友達でもなんでもないもの、こんなやつ」を吐き、シラを切って逃げようとする。そこで奉公人総出で、三人とも荒縄で縛り上げてしまった。

　翌朝、伊八が侍に呼ばれ、「出会い仇はどうしましょう」と言って、縛られた三人の姿を侍に見せた。当の侍は「おう、ゆんべのあの話か。あれは嘘だ。座興《ざきょう》だ」ととぼける。呆れ果てた伊八が、

「昨晩はこの家の客から奉公人、誰も眠れなかったんですよ。なんでそんな大きな嘘をついたんですか」

「いや、許せ伊八。おかげで拙者一人ぐっすり眠ることができた」

さてこの名文句、なんと解く？

人間は、いざという時には、自分を守ろうとするものなんだよ。

そのココロは？

念押しの「これでいいのだ！」の一言がその後、続く。この噺、それまでは「俺たちはほんと仲がいいよなあ」「そうそう、芝居見物も三人一緒、飯食うのも三人一緒だったよなあ」と親密ぶりを描写しているのが肝で、それが伏線となっているからこそこの名言がズシンと響く。

これぞまさに「人間の業の肯定」なのだ。

大上段に「友情が大切なんだ」と訴えかけてくる小説やら、それをベースにした映画やドラマなどの「嘘」を、一発で覆してしまう破壊力がこの名言にはある。

むろん、そのような嘘はだめだということを、私はここで言いたいのではない。そういう「嘘」を上手に描く文芸作品も認めつつ、その一方で嘘を嘘だと喝破するのも、その対極の芸術である落語の役割なのだと思うだけだ。この名言で笑いが発生するのが、その一番の証拠だと思う。

おそらくこの後日談を作るとするならば、またまたどこかの旅籠で、

「お前たち、冷たいよ！　こないだは助太刀しないで逃げるなんて言いやがって」

と仮に源兵衛が他の二人に言ったにしても、

「いやあ、悪かった悪かった。でもさ、それが当たり前だろ。お前だって俺と同じ立場になったらどうするよ」

「……やっぱり、友達でもなんでもねぇっていうわなあ」

「ほうら見やがれ」

「さ、飲もう、騒ごう」

と屈託なく笑い合ってまたしても隣の客からうるさがられる……そんな展開になるだろう。

自分の業を許してもらうのならば、相手の業も許す。ここなのだと思う。やはり前述した「お互い様」なのだ。

「人間の業の肯定」と一気に断定してしまうと、冷淡さが浮かび上がってきそうな雰囲気になるが、そうならないブレーキとして機能するのが「お互い様」という発

想なのだ。ここに、だめな言動を許し合うような落語のおおらかさを感じる。

それは、「一を聞いて十を知る」ような優れた弟子ばかりを置こうとしたのではなく、私のようなどんくさい弟子も、きちんと真打ちにするまで面倒を見てくれた談志の懐の深さとも通底しているような気がする。

落語は人間の業の肯定という見事な定義。人間たちに向かって、決して**「だから、人間はだめなのだ」とも言わず、「だから、もっときちんと生きよう」とも言わず、「それでいいんだよ」と言ってしまっている芸能**が他にあるだろうか。これぞ世界初の文化だと確信する。翻ってこの名言ののちに続けるべき言葉こそ、あの相田みつをさんの「にんげんだもの」ではなかろうか。

この噺、前座の頃、一門で十八番としているぜん馬師匠に稽古を付けていただいた。

面白いエピソードがある。

いまから二十年以上も前か、「談志ひとり会」の前座としてぜん馬師匠が、この「宿屋の仇討ち」をかけていた。

よく聴いてくれるお客様で、袖《そで》で観ていた当時、前座の私も聴き入っていたのだが、それを打ち消すような「ぜん馬！　ぜん馬！」という掛け声がかかり、客席は大爆笑。声の主はむろん、談志だった。

この噺の「伊八！　伊八！」になぞらえて声をかけたその意図が、客席にも完全に伝わった瞬間だった。

かわいそうだったのが乗っていたぜん馬師匠。完全にはしごを外されたというか見事に水を差された格好だった。非常に悔しそうに「この噺の続きは私の独演会でやります」と言って高座から降りてきたっけ。

黄金餅《こがねもち》の名文句

この金を元手に目黒で餅屋を開いたところ、これが大層繁盛したという

あらすじと解説

すごいよね、この噺のオチは。死体を損壊した上に、しかも横取りしたカネでもって繁盛店ができましたよという終わり方をしちゃうんだもの。「これで金兵衛に西念の悪霊が憑りつき、末代までたたられる」というようなありがちな話の展開にはならないところがすごすぎる。まさに人間の業そのもの。

談志は金兵衛が西念の死骸を担ぎながら火葬場へ向かう下りで、

「貧乏とおさらばしてえ。天ぷらそば食ってから死んでみてえ」

というセリフを吐かせている。

あと、この噺、言い立ても魅力的なんだよね。なんだろう、その部分を聞いてい

るだけで、当時の江戸をドライブしているような錯覚に陥る。

西念という名のインチキ坊主。下谷山崎町という貧民窟のような長屋で貧しい生活を送っていた。

ある時、西念は重い風邪をひいて体調を崩し、寝込んでしまう。

隣の部屋に住む金山寺味噌の行商人・金兵衛が看病にやってくる。金兵衛が「なにか食べたい物はあるか」とたずねると、西念は「あんころ餅をたくさん食べたい」と言う。

金兵衛はなけなしの金（二朱）をはたいてたくさんのあんころ餅を買う。西念に届けると、西念は「人のいる前でものを食うのは好きでない」と、金兵衛を部屋から追い出す。

部屋に戻った金兵衛が壁の穴から西念の部屋をのぞき見ると、西念はあんころ餅を開いて餡と餅を別々にし、二分金と一分銀を餅でくるんで、なんと丸呑みしはじめた。

おぞましさを覚える金兵衛だったが、西念は飲み終えると、苦しそうに呻き声を上げ始めた。金兵衛はすぐさま飛び込んだが西念は息絶える。金兵衛は西念の腹に沈む大金に目がくらみ、あることを思いつく。

やがて金兵衛は大家に掛け合い、身寄りのない西念の葬儀を仕切るのを買って出て、自分の菩提寺である麻布絶口釜無村《あざぶぜっこうかまなしむら》の木蓮寺《もくれんじ》で弔《とむら》いたいと申し出る。話がまとまり、長屋の者が集められ、早桶の代わりに樽に西念の遺体を入れて、木蓮寺、火葬場へ運ぶことになった。

この下谷山崎町から木蓮寺までの道中が一番の聞かせどころである。

金兵衛が木蓮寺の山門を叩くと、酔っぱらった和尚が出てきた。西念も西念ならここの和尚も和尚だ。ビンボー寺そのもの。長屋の者たちは和尚に風呂敷を被せて法衣とし、はたきを持たせて払子《ほっす》の代わりにさせた。鈴《りん》の代わりに茶碗を箸でたたかせて、デタラメなお経を上げさせる。

他の者を長屋に帰した金兵衛は、ひとりで桐ヶ谷の火葬場に西念の死骸を担いでゆく。隠亡《おんぼう》（火葬場の作業員）を無理やりに脅して火葬の順番を早めさせ、炉に火をつけさせ、さらに「腹のところだけは生焼けにしろ」と無理な注文を付けて、時間をつぶすため、新橋へ行った。

夜が明けた頃、ふたたび火葬場へ戻る。隠亡を追い払い、隠し持っていた包丁で腹のあたりを割って探る。狙い通りにたくさんの金銀が出てきたので、大喜びする。金兵衛は戸惑う隠亡を尻目に、そのまま立ち去ってしまう。

「骨はどうすんだ」

「犬にやれ！」

「犬にやれって奴があるか?! あ、焼き賃は？」

「ドロボー！」

「ドロボーはお前だろ？」

金兵衛はこの金を元手に、目黒で餅店を開いたところ大繁盛する。


さてこの名文句、なんと解く？

そもそも人間の行為に善悪なんてないんだよ。

そのココロは？

まさに人間の業の肯定を体現したようなこの「黄金餅」という落語だ。もっというなら、「汚く稼いで綺麗に使えばいいんだよ、カネなんか」と言い切ってしまっているのが、この落語の肝だ。

さらに飛躍させてわかりやすく言うならば、「カネを綺麗に使うためには、むしろ汚く稼いだほうがいいのでは」とさえ思えてくる。つまり、さらに飛躍させ、ズバリ言うならば「人間って、後ろめたさがあったほうがむしろいいのでは」とすら妄想する。

おそらく金兵衛には心のどこかで、「西念の死骸を損壊して得たカネで商売を始めた後ろめたさ」というブレーキが働いたはずだ。談志が西念の死骸を担ぎながら、「申し訳なさ」を語っているのがなによりの証拠だ。

それに、いきなり金山寺味噌の行商人が店なんか持てるわけがないので、そのあたりを突っ込まれたとしても、おそらく後々店を繁盛させるぐらいの目端の利く男だ。「ばくちで当たったんです」などと上手に誤魔化してやり過ごしたはずだろう。祟られないよう、儲かったのちにきちんとした墓をこしらえるぐらいの差配はしていたと推察する。

人間は誰もが「後ろめたさ」を持つべきだと思う。少しぐらい浮気をしたことのある人のほうが、奥さんがワガママ言ったりするのを許せるものだ（断っておくが私のことでは決してない）。超真面目人間は、得てして人に対して寛容度が低くなるものだ。

本来真面目というのはあくまでも、自分自身を律するための行動規範に過ぎないのに、それが度が過ぎると「俺はこんなに真面目にやっているのに」と、いつの間にか他人の行動まで制御してしまう可能性があるから怖いのだ。最初から人に「許し」を与えられるなんて、お釈迦さまやキリストぐらいなものだと思う。

ここからは完全に想像だが、金兵衛さんは餅屋を大きくさせてゆくプロセスのなかでも、言うに言えない苦労があったはず。モノが売れないこと、食い逃げする客、ワガママな奉公人などなど。それらを乗り越えることができたのは、「俺にはもっと、人には言えない過去の行状があるんだ」という負い目だったのではなかろうか。

死人の腹をかっさばいてゲットしたカネなら、**極悪人ならば遊びに使って、カネがなくなったら次なるターゲットを探すなど、悪としての道を辿るはずだ。**

そうなのだ。この金兵衛は、根っからの悪人とは到底思えない。第一、まず西念の見舞いに行き、しかも二朱という当時としては大金の、見舞いのあんころ餅まで買ってきてやるような優しい男なんだから。**悪人のような自堕落なカネの使い方はやはりできない素質があるのだ。**

だからこそ、そのカネをあくまでも次なる商売へのステップアップとして使おうとするところに、金兵衛の商人としてのセンスを感じてしまう。めちゃくちゃ上昇志向だったのだろう。

きっと金兵衛が亡くなった時は大勢の奉公人に囲まれ、懇ろに、しかも盛大にお弔いも上げられていたはずだ。だって「黄金餅」（小金持ち）ならぬ「大金持ち」になったのだから。この噺は、夢を叶えた江戸っ子の壮大な「マネーロンダリング」だったのだ。

第三章　ゆったり編

らくだの名文句

「大家といえば親も同様、店子といえば子も同様」

あらすじと解説

談志十八番は、やはり「らくだ」だったのではと思う。異論はもちろん認めるが、弟子として惚れ直す落語の一つであった。惚れ直さない奴が途中で辞めてゆくのかもしれない。

惚れ直すことで、「毎日怒られているけど、こんな素晴らしい芸をする師匠なんだもの。我慢してみようか」と自分自身をバージョンアップさせてゆくのが、前座修業だったように思えてくる。

自分も極論すれば、この噺をやりたくてやりたくて仕方ないから、プロになったような感じだ。人間のすごさ、いじましさ、せこさ、だめさ加減、などなどすべてを描ききっているのが「らくだ」だと思う。真打ち昇進披露興行として横浜にぎわい座で、師匠に聴いてもらいたいという思いだけで「らくだ」をかけた。口調だけは褒められたっけ。

ある長屋に住む、あだ名を「らくだ」という、ならず者の男。そのらくだの長屋に、兄貴分の丁目の半次がやってきた。返事がないので入ってみると、らくだが死んでいる。

「兄弟分の葬儀を出してやりたい」

しかし金がない。そこへ上手い具合に屑《くず》屋がやってきた。早速、室内の物を引き取ってもらおうとするが、カネにならないものばかり。半次は、長屋から香典を集めてくるよう月番《つきばん》のところへ行けと屑屋を脅す。

「らくだが死んだ」と聞いて喜んだのが月番。香典の申し出は一旦は断るが、「赤飯を炊く代わりに、香典を出すよう言って集めてくる」と、その母親のアドバイスもあり、しぶしぶ了承した。屑屋が再びらくだの家に戻ると、半次は今度は大家のところへ行けと命じ、名言「大家といえば親も同様、店子といえば子も同様」を切り出し、酒と料理を届けさせるよう、またまた屑屋に指示した。

屑屋は大家のケチぶりを挙げて無理だというが、半次は「断ったら、『死人にかんかんのうを踊らせてご覧にいれます』と言え」という始末。仕方なく大家のところへ行った屑屋。らくだが死んだと聞き、大喜びする大家。しかし、酒と料理の依頼は拒絶。なんとこのらくだという男、引っ越してきてから一度も店賃を納めていなかったのだ。

「そんな奴に酒や煮しめなんか出すか」

と大家は激高。屑屋が「かんかんのう」の話をすると、

「冥途《めいど》のみやげに見てみたいもんだ」

と驚きもしない。

逆に、塩を撒《ま》かれて帰ってきた屑屋がそのことを伝えると、半次は屑屋にらくだの死体を担がせ、本当に大家のところへ乗り込み、死体を文楽人形のように動かして屑屋にかんかんのうを歌わせ、大家に酒肴を持ってこさせた。

その後、棺桶がわりに菜漬けの樽を漬物屋から持ってこさせられた屑屋が、帰ろうとすると大家のところから酒と料理が届いている。半次に無理やり勧められる格好で、清めの酒宴が始まった。

しぶしぶ酒を飲んだ屑屋だったが、この男、普段は大人しいがじつはものすごい酒乱だった。呑んでいるうちに性格が豹変、もう仕事に行ったら、と言う半次に暴

言を吐き始める。

これで立場は逆転、屑屋が「マグロのブツを持って来させろ」と半次に言うと、半次は「寄こすかな」と言い、屑屋は「寄こす寄こさない言ったら、かんかんのうを踊らせろ」

（ここで終わらせるケースが多い）

半次は屑屋に命じられた通りに大家の家から剃刀《かみそり》を借りてくる。屑屋は手慣れた手つきで、らくだを坊主にし、漬物樽に死骸を収め、天秤棒を差し込んで二人で担いでゆく。

しかし、道中で樽の底が抜けてしまい、焼き場についたころには中身は空《から》っぽ。再度死骸を探しに戻ると、橋のたもとで願人《がんにん》坊主（にわか坊主）が眠っていた。いびきをかいていたが、酔った二人はそれを死骸と勘違いして、樽に押し込んで焼き場に担いで行き、そのまま火のなかへ放り込んでしまったからたまらない。

熱さで願人坊主が目を覚ます。

「ここはどこだ?!」

「焼き場だ、火屋（ひや）だ」

「うへー、冷酒（ひや）でもいいから、もう一杯……」

さてこの名文句、なんと解く？

庶民てえもんは、案外したたかなもんだよ。

そのココロは？

江戸時代に対する距離の取り方は、落語家としてとても大切に思っている。むろん、否定なんぞはできるわけないが、かといって、憧れを強く持ちすぎてしまうと、「江戸しぐさ」なるインチキな類のマナー講座がはびこる結果となる。

江戸しぐさとは、つくづくうまいことを思いついたものだと思う。それっぽく聞こえるし、しかも確かめようがないもんね。もっとも、談志の発言をビジネス書っぽく解説してかように何冊も本を出している私だって人のことはいえたものではない。師匠が存命だったら、「俺はそんなこと言ってねえよ」と言うかもしれない。

そこでバランスを取るためにこそ、働かせるべきなのが想像力なのだと思う。身分制度が強固に敷かれ、武家階級が絶対的権力を持ち、身分の上の人たちには逆らえなかったはずの厳しい時代が、なぜ三百年近くも続いたのか。ここで想像するのが、「庶民たちが案外したたかだったからなのでは」という仮説だ。

この仮説を裏付けるようなセリフが、今回の名言「大家といえば親も同様、店子といえば子も同様」だと思う。このセリフ、本来は大家さん側、つまり「大家たる者、店子を自分の子供だと思って面倒を見るべきだ」という**上位の立場の者の目下の者への労わりを促す言葉**である。

なのに、丁の目の半次ときたらこれを逆手に取って、「店子の不始末、諸問題はすべて大家が背負うべき」との強引な理屈でお斎《とき》の席での酒をせしめている。おそらく、こいつはこれが一度や二度ではなかったはずだ。でないとこんなに手際よく準備できるのが説明つかない。

そして、この落語の面白いのは**こんな乱暴者に対して、酒がきっかけで、さらにその上をいく、手のつけられない奴として、普段は弱者の立場の屑屋が存在するという構図**だ。

酒乱になって相手をしろなんてことは絶対いわないが、この屑屋の被害者的したたかさは、脅迫をチラつかせる輩との距離感として、この噺を前向きにとらえることができるのではないだろうか。

酒にだらしない野郎には違いないが、この屑屋には家族を守るという「覚悟」があり、それは半次にはないものだ。その「自分にはないもの」と酒乱とが掛け算となったことで、半次は恐怖を覚えたのだろう。

後半では手際よくらくだの頭を剃る屑屋が、「俺はな、身元のわからねえ腐った土左衛門が上がると、お上から頼まれてみんなこうして、こっそり始末してるんだよ」とのセリフを私は吐かせている。

ここで半次がさらにビビり、裏街道を歩いてきた屑屋をただ者ではないと悟り「兄ぃ」とまで呼ばせている。屑屋に思いを馳《は》せていると、「団結して暴力団を排除した地域の自治会長」となんとなくリンクする。

腹を括《くく》った人こそ怖いものだ。逆に腹さえ括れば誰もが無敵になれるものなのかもしれない。

子別《こわか》れ（下）の名文句

「おとっつぁん、こんなにたくさんもらっていいの？あたい、お釣り、ないよ」

あらすじと解説

「子別れ」は上・中・下の三部作からなる。上は別名「強飯《こわめし》の女郎買い」というタイトルで志ん生師匠が磨き上げた。中はカミさんに愛想を尽かされ、倅と一緒に出ていかれた熊五郎。吉原の遊女を家に招き入れるが、それとも揉めて一人になるところを描く。

そして泣かせどころたっぷりの下へと続く。子供をもつ落語家が演じると、さらに泣ける。「藪入り」という人情噺も有名だが、前座の時、勉強会でかなりいい出来だったのを、客席にいた志らく兄さんのファンの方が兄さんに伝えて、後日「『藪入り』は子供がいないとできない噺だよ」と指摘してくれたものだった。

あらすじはこうだ。

カミさんと別れて以来、眼が覚めた熊五郎は断酒をし、一生懸命になって働いていた。ある日、隠居の茶室をこしらえることになり、出入りの番頭さんと一緒に木《こ》口《ぐち》を見に出かけていく。その途中、三年前に別れた倅と出くわす。

番頭さんに時間をもらい、熊五郎は亀に声をかけた。「おとっつぁんじゃないか！」。涙ぐむ亀坊。話を聞くと、お光は女の身とて決まった仕事もなく、間借りして、近所の仕立て物をしながら亀坊を育てているという。

二人のつましい暮らしぶりが目に浮かぶ。そして五十銭の小遣いをやると、亀坊は名言「あたい、お釣り、ないよ」を吐く。熊五郎は、

「明日、もう一度会って鰻をご馳走する。その代わり、今日会ったことは、おっかあには内緒な。約束しよう。この約束、守れたらまた会えるぞ」

と言ってその場を去った。

帰宅後、亀坊は、もらった五十銭をお光に見つかる。「盗んだの?!」と詰問するお光。「男の約束」ゆえ、その主の名前を明かさない亀坊に業を煮やし、夫の「形見」である金槌《かなづち》を振り上げ、

「貧乏はしていても、おっかさんはおまえにひもじい思いはさせていない……これ

でぶてば、おとっつあんが叱るのと同じことだよ。さ、どこから盗ってきたか言わないか」

亀坊は隠しきれずに父親に会ったことを白状してしまう。ときめくお光。酒を断って立ち直ったことを聞き、鰻屋に行くことを許す。翌日、亀坊を見送った後、こっそり鰻屋に入ってゆくお光。亀坊が熊五郎とお光を引き合わせる形でもって再会する二人。

「お久しぶりでございます」

「いや、その、どうもはじめまして」

などと、しどろもどろの熊五郎だったが意を決して、

「もう一度一緒に暮らそう……仲直りしておくれ」

頷《うなず》くお光。

「昔から、『子は鎹《かすがい》』というが本当よね」

「え、あたいが『鎹』……。だからゆんべおっかさん、おいらのこと、金槌でぶって言ったんだ」

さてこの名文句、なんと解く?

子供の咄嗟に出てくる本音にはかなわないよ。

その ココロは?

「子育ては親育て」だという。最初にこの言葉を聞いた時、若干、違和感が芽生えたものだった。

「親が子供に育てられるなんてあり得ない。ま、自分が育つなんていう気持ちで向かわないと乗り切れないからこそ、あえてそう言うんだろうなあ」と、あくまでも「子育て」のイニシアチブは親にあると頑なに考えていた。それは同時に親としての気概でもあった。

ところが、である。おかげさまで、長男も高校、次男も中学と、確かにこれから金はかかるかもしれないけれど、その分、手がかからなくなった今、改めて振り返ってみると、肉体的に成長したのは子供たちだったが、精神的に成長したのは、子供と親の双方だったことに気がついた（自分で自分のことを成長したというのにはものすごい照れもあるのだが）。

ズバリ、わかりやすくいうと「子育てとはタイムマシン」だ。長男とは三十六歳、次男とは三十八歳の開きがあるということは、長男、次男というより、「三十六年前の自分」と「三十八年前の自分」とそれぞれ毎日向き合っているような感じなのだ。

これは自分がその当座、いかに生意気だったかを強制的にプレイバックさせられている格好といえばわかりやすいかと思う。思春期の勢いに任せて両親にぶつけた心無い言葉や態度が、一回りして自分にぶつけられているような感覚か。「天に向かって唾を吐くと自分の顔にかかる」というのと同じだ。

つまり自らを省みて、親に改めて感謝するチャンスこそ「子育て」なんだと、痛感したのだった。自分の行状を棚に上げるわけではないが、人類はこういうシステムを長年に渡って更新し続けてきたからこそ、生き永らえてこられたのかもしれない。

つまり**「子育て」とは「プログラム」であり、両親をはじめ過去に繋がった方々へ感謝する「再チャレンジ」**なのだ。しばらく前に父親を亡くしてしまい、いまは残された母親にその恩返しという名の「期限切れの罪滅ぼしの真似事」をする日々といえば辛すぎるが、因果は巡るのが子育てなのかもと悟り、やはり「親のほうが育てられているな」と白旗を揚げた次第である。

いやもちろん、シビアな話ばかりではない。いつだったか彼らがまだ小さい頃、長野での仕事で、お得意先の方からお子さんへといただいた数個のお土産を手に「これ、大事な友達にあげてね」と言ったところ、長男から「パパ、おかしいよそれ」と指摘を受けたものだった。

「なにが？　どこがおかしいの？」

「大事な友達っていう言い方」

「どうして？　間違ってないよ？」

「大事な友達っていう言い方おかしいよ。だって友達ってみんな大事だよ」。

次男には、壊れた冷蔵庫の後を追って、「冷蔵庫さんと、バイバイするのは嫌だ。僕のアイスもパパのビールも痔《じ》の薬も冷やしてくれていたんだよ」と泣きじゃくったその姿から、「モノにも魂が宿っているんだよ」という大切な優しさを教わった。

それがきっかけとなって、「痔の薬」というフレーズはむろんカットしながらも、『れいぞうこのうた』なる歌詞を書き、アカペラバンドのインスピさんと『アカペラ落語』なるコラボ展開をするという仕事にもつながった。二つともまさに子供に育てられ、教わった瞬間だった。

子供は、瞬間的に本質を突いてくる。もしかしたら子供のことを坊主というのは、ほんとはお寺の和尚さんみたいな真理をわかりやすく諭してくれるからなのかなと思ったものだった。

ならば、カミさん＝神さんか。たまにその神さんから、ご開帳して拝ませてもらうご本尊のために、お布施という生活費を稼ぐ私なのである。カミさん、子供、両方に頭は上がらないものだなあ。「子別れ」を聞いたり、自らやったりする度にそう思う。

茶《ちゃ》の湯《ゆ》の名文句

「ああ、また茶の湯か」

あらすじと解説

このオチも、一言でずばりとその風景のみならず、人間模様、つまりは世界観すべてが浮かび上がってくるような見事なオチだ。白熱したジグソーパズルの、ラストのピースが決まった瞬間のような爽快感すらある。

大店の隠居《いんきょ》は、小僧の定吉をともなって根岸で安穏《あんのん》な日々を送るが、退屈しのぎに、知らないくせに「茶の湯をやってみよう」と定吉に提案する。定吉に対して知ったかぶりを決め込み、抹茶のことを、

「なんとかいった、あの青い粉があれば始められる」と言って、買いに行かせる。

定吉が乾物屋で買ってきたのは抹茶ではなく青きな粉。隠居は「そう、それだ」と

言って道具を用意する。

隠居はインチキな説明をしながら茶釜を火にかけて湯を沸かし、青きな粉を釜のなかに放り込んでかき混ぜ、どんぶりに注いで、茶筅でかき回してみるが、泡立ったイメージ通りの茶にはならない。隠居は、

「思い出した。なにか泡の立つものがないとダメなんだ」

と言い、定吉をふたたび走らせて椋《むく》の皮の粉（植物由来の石鹸）を買ってこさせ、加えてみる。みるみる泡立ち、思った通りの茶になったのでふたりは喜び、飲んでみるが、たちまち腹を壊し、雪隠《せっちん》と寝床を行ったりきたりするようになる。

インチキ茶の湯で体調を崩していたが、茶会を催して見せびらかしたくなり、隠居が持つ長屋に住む豆腐屋、鳶頭《とびがしら》、そして手習いの教師を手紙で招待する。手紙を受け取った豆腐屋と鳶頭は、堅苦しい作法ごとを嫌うあまりに夜逃げを考える。思い直し、元武士であり、作法に通じていると見込んだ教師邸に相談に出向くが、教師もまた逃げ出すために荷造りをしている。三人は仕方なく、意を決して隠居宅へ出向く。

隠居が、インチキ茶の湯で長屋の三人にどんぶりを回していく。三人は口に含んだ途端に驚愕し、飲んだふりをしてなんとか切り抜ける。こんなのが何度か繰り返

されるうち、羊羹だけは上等でうまいものであることが町内に広まり、羊羹目当てにこぞって参加するようになる。客は茶を飲むふりをしては菓子ばかり食べ、あげくの果てには菓子を盗んで帰っていく連中が出る始末。

隠居は菓子代がかさむようになったために、茶菓子も自前で作ることを計画。茶の湯同様に、菓子の作り方も知らなかったので、大量のサツマイモを蒸してすりつぶし、糖蜜を練りこみ、猪口を型に使って形を整える。が、粘りがあるため、型からうまく抜くことができない。隠居は考えた結果、型にあらかじめ行灯《あんどん》用のともし油を塗る方法を考案した。

こうしてできたものを隠居は「利休まんじゅう」とし、菓子屋の菓子に代えて客にふるまいはじめる。しかし、見かけはいいが、とても食べられたものでなく、とうとう茶会に誰も来なくなってしまう。

そんななか、遠方に住む知人が隠居宅を訪ね、例の茶とまんじゅうを出される。知人はこれまでの経緯を知らずに茶とまんじゅうを口に入れてしまったために困り果てた。まんじゅうだけは隙を見て捨てようと考えるが、庭は掃除が行き届いており、思うにまかせない。知人はまんじゅうを袂《たもと》に入れて雪隠に逃げ込むと、窓から垣根越しに畑が見えたため、そこへ投げ捨てる。

まんじゅうは、畑で作業をしている農夫の顔に当たる。農夫は一言、
「ああ、また茶の湯か」

さてこの名文句、なんと解く？

文化なんて形骸化しやすいものなんだよ

そのココロは？

「こんにゃく問答」が「仏教批判」なら、この噺は「茶道批判」のような印象も持たれがちだが、より深く見つめると茶道そのものというより、「知ったかぶりばかりのものはこの程度なんだぜ」と、矛先は文化ではなく、人間が本来的に備えているおかしみに向かうような展開だ。

知ったかぶりするたった一人の人間のせいで「また茶の湯か」と茶の湯文化全体を貶めてしまう危険性を物語っているようにすら思える。

さらにやや大げさにいうと、文化はもともと形骸化しやすいものだよ、という警

句にもつながるのではと思う。

「知らないってことは、恥じゃないんだよ。知ったかぶりし続けたほうがよほど恥で、あんたが知ったかぶりしてるなんてことは、みんながじつは知っているんだよ」とこのオチはたった一言でそう叫んでいるようにも聞こえてくる。

もう二十年も前のことだが、大学のOB会でのこと、とある偉そうな先輩から「君のほかに落語家になった人はいるのかい」と聞かれ、「私の前だと、川上音二郎がいました……」と言った時のことだった。

あの「オッペケペー節」で一世を風靡した川上音二郎である。この人、のちに「浮世亭〇〇《まるまる》」という高座名を名乗って落語家になった実績があるので「慶應出身初の落語家」は私でなく、じつはあの川上音二郎なのだ。

するとその先輩ときたら、なんと「ああ、あいつね、知ってる知ってる。最近テレビに出てこないよね」とのたまった。

一同唖然とするのみだった。さらに続けて「俺はさ、テレビにも顔が利《き》くからさ」と遮《さえぎ》って、自分の話をし始めたのだった。周りにいた人は呆れて取り繕うと、話題を私のほうに変えようと話を振り出したっけ。

その人は地位も名誉もあるお方ゆえ、誰も「明治時代の人ですよ！」と突っ込めないんだろうなと思うと、笑えるどころかその身の哀れさを慮《おもんばか》った。

おそらくこのお方はこんな調子だから、「コンプライアンスについてですが」と聞かれて「俺、まだ観てないんだよ」などと、映画のことだと勘違いしたりしているんだろうなと予想した。リアル「茶の湯のご隠居さん」を目《ま》の当たりにした瞬間だった。

「そんなことも知らないの？」「それ、間違っていますよ」という人が身近にいないとあのようになるといういい見本なのだと思う。もっというならば、知らないことを知らないということが一番大事なのかもしれない。

恥をかくことはバージョンアップであり、アップデートであり、データ蓄積でもある。談志はあのランクでも、わからないことは即座に前座に聞いていたっけ。

「インターネットってすげえな、世界中の蟻《あり》の数なんかもすぐにわかるんだろ」

みたいなことをよく弟子に振ってきたものだ。インターネット出始めの頃、師匠に対応するために必死に勉強したものだった。恥をかくというのは、恥じゃなくて大切なことなんだよなあ。

粗忽長屋《そこつながや》の名文句

「抱かれているのも確かに俺だけれど、抱いている俺は一体誰なんだろう」

あらすじと解説

これも談志十八番の極め付けのようなネタだ。談志は「八五郎は粗忽なんかじゃない。主観があまりに強すぎるゆえに起きたことなんだ」と、粗忽をさらに発展させる形の「主観長屋」と題して縦横無尽に語っていた。

自分の死を受け入れらない熊五郎に対して、

「だから毎日鏡を見ろっていつも俺は言ってるだろ！　俺なんか毎日鏡で自分の顔見ていて、自分というものをわかっているから、町歩いていて向こうから俺がやってきても、あ、あれは俺だなってすぐわかるんだ」

と傑作としか言いようのないセリフを吐かせている。

あらすじはこうだ。

浅草寺にきた八五郎は、道端に人だかりができているのを見つける。昨晩ここで身元不明の行き倒れが出たので、役人たちが通行人に行き倒れの死体を見せて知り合いを探しているのだった。

八五郎がねじ込むようにしてなかに入り、死人の顔を見て、

「ああ。こいつは同じ長屋の熊五郎だ。そういえば今朝、こいつは身体の具合が悪いと言っていた」

と言い出す。しかし、役人たちは、

「だったらそれは人違いだ。昨晩からこの死体はここにあったんだから」

と言うのだが、八五郎は聞く耳を持たない。それどころか「これから熊五郎本人を呼んでくる」と言い残してその場を立ち去ってしまう。

急いで長屋に戻った八五郎は、熊五郎に「浅草寺の近くでお前が死んでいたよ」と告げる。熊五郎は、「俺は死んだような心持ちがしないもの」などと反論するが、八五郎に「お前は粗忽者だから自分が死んだことにも気が付かないんだ」などと言われているうちに、自分が死んだのだと納得してしまう（納得するほうもするほうだ）。

自分の死体を引き取るために、熊五郎は八五郎に付き添われて浅草観音へ向かった。「行き倒れの本人連れてきました」という八五郎の台詞に唖然とする役人たち。熊五郎は、死体の顔を見て「これは間違いなく俺だ」と言う。周囲の人々は呆れて「そんなわけないだろう!」と言うが、熊五郎も八五郎も納得しない。二人が「熊五郎の死体」を抱き起こして運び去ろうとするので、役人たちが止めに入ったことで揉めはじめた。

そのうち当人の熊五郎が「どうもわからなくなった」とつぶやく。

「抱かれているのは確かに俺だけど、抱いている俺は一体誰なんだろう?」

さてこの名文句、なんと解く?

主観も客観もバランス取れていなきゃだめなんだよね。

そのココロは?

この噺、まさにドッペルゲンガーのようなネタだ。

ドッペルゲンガー（独：Doppelgänger）とは、「自分自身の姿を自分で見る幻覚の一種で、『自己像幻視』とも呼ばれる現象である」とのこと。

自分とそっくりの姿をした分身のようで、同じような人物が同時に別の場所に姿を現す現象を指すこともあるようだ。

むろん、病的なことのようだが、もしかしたらこれに限らず、たとえば与太郎なども含めた、信じられない大ボケの言動をかます落語の登場人物を通して、「**病的な人間が存在するのではない。人間なんか、もともと病的なもんだ**」、いや、もっとわかりやすくいうと「病的な人と健康的な人となんか大差ねぇんだよ。みんなどっちもどっちだろ」と高らかに謳《うた》い上げているのが落語なのかもしれない。

落語のなかにいじめや差別がない、と感じられるのはそんなゆえんだろう。八五郎と熊五郎に代表される、そそっかしい人が隣り合わせに住んでいるから「粗忽長屋」というタイトルが施されてはいるが、談志は主観というキーワードでこの噺にアプローチした。要するに「粗忽の記号化」が主観という言葉なのだ。

この八五郎と熊五郎、主観力の度合いから分けると両者とも異常に主観力が強すぎるのだが、この名言「抱かれているのは確かに俺だけど、抱いている俺は一体誰なんだろう」には、最初は一度、自分の死を受け入れたように主観が優っているが、徐々に客観が強くなってきている、熊五郎の深い葛藤と苦悩が一言で描写されている。

主観MAXで生きてきたのが八五郎であるのに対し、主観客観ともにMAXなのが熊五郎なのだろう。

談志は確かに主観の人だった。思い込みが激しいのがなによりの証拠だ。前座の時分は「ワコール＝ドジをする奴＝なにやっても使えない」という猛烈な思い込みの元、共に過ごさせていただいた。それゆえ自分の失敗ではなくとも、怒られたりしたものだ（ま、師匠にそう思い込ませてしまった自分のドジが一番悪いのだが）。

ただ、これは同時に「思い込ませることができたら勝ち」という意味でもあった。実際、それを逆手に取るような形で、

「タップをやっている＝俺がまっとうできなかったジャンルを手がけようとしている＝足でやるタップのほうが手でやる太鼓より難しい＝野心は認める」

という図式によって、昇進では下駄を履かせてもらった格好だ。つまり、前座から二つ目で獲得した「ワコールは歌舞音曲を極めようとしている」という思い込みのおかげで二つ目から真打ちまでの期間が異様に短くなったのだった。

談志はまた「現実が事実」、「評価とは他人が下すものだ」とハッキリと宣言して

いた姿勢からもわかる通り、客観力もベラボーに高かった。主観客観ともに異常値を弾き出すのが天才たる理由であろう。

翻って一般人である我々は、やはり主観も客観もバランスよく育ててゆくべきだと思う（談志は主観と客観がともに高く、アクロバティック的にその二つのバランスを取っていたともいえる）。

「主観と客観の相互補完」。それがきちんとした市民生活を送る一番の知恵であり、エチケットである。極論するならば、**主観が強すぎる人は傲慢になり、客観が強すぎる人は卑屈になる傾向がある。**主観を促進する行為が他者から褒められることであり、客観を増幅する行為が他者から注意を受けることであるともいえる。

自分目線＝主観で、他人目線＝客観。言い換えると、「たまに調子に乗って、たまにディスられる」。これって案外、大事なことなんだなあとしみじみ思う。そんな日々を上手に積み上げてゆくことでしか、目標は達成できないのだ。やはり放っておけば、夜郎自大になりがちな落語家の世界において、ディスられ期間ともいえる前座修業って、とても大切だったのだ。好きなものばかり食べていても身体によくないのと同じだよね。

ねずみ穴《あな》の名文句

「なんでおら、おめえに三文の銭しか渡さなかったか、そのわけをかんげぇてみたことあっか？」

あらすじと解説

師匠はこのネタを「票稼ぎのネタだった」とよく言っていたものだ。国会議員に立候補した時、このネタと「勘定板《かんじょういた》」とで全国を回ったという。「勘定板」で爆笑させ、「ねずみ穴」で泣かせて、確実に得票につなげたとのこと。

この噺、いわば「お上りさん応援歌」である。ゆえに地方の人々にしてみれば、自分が肯定されているような気分になり、そう思わせてくれた人に投票したのである。ほんと人たらしの談志だった。

酒と女とばくちに身を持ち崩した百姓の竹次郎。おやじに譲られた田地田畑もみんな人手に渡った。しかたなく江戸へ出て、商売で成功している兄を訪《たず》ねる。奉公させてくれと頼むが、兄はそれより自分で商売してみろと励まし、元手を貸してくれる。

竹次郎は喜び、帰り道で包みを開くと、たったの三文。馬鹿にしやがってと頭に血が昇ったが、ふと気が変わり、地べたを掘っても三文は出てこないと思い直して、米屋に行き俵の蓋《ふた》（桟俵《さんだわら》）を分けてもらい、小銭をくくる「さし」をこしらえ、さらに売りさばいた金で空俵を買って草鞋《ぞうり》を作るなどして一心不乱に働く。

その後、地道に働き、裏長屋に住まい始め、女房をもらって女の子も生まれ、ついに十年のちには蔵が三戸前ある立派な店の主人におさまった。

ある風の強い日、ネズミが巣を作って穴を開けている蔵の目塗りをするように言いつけ、竹次郎は兄の店に出かける。十年前に借りた三文と、別に「利息」として五両を返し、礼を述べると、兄は喜んで名言「なんでおら、おめえに三文の銭しか渡さなかったか、そのわけをかんげぇてみたことあっか？」と問いただす。

あの時におまえに大金を渡したら、酒を飲むなどしてだめになると断じたからこそわざと三文貸した。それを一文でも増やしてきたら、改めて金を貸すつもりだったと述懐する。「さぞ俺を、恨んだだろうが勘弁してくれ」と詫びられたので、竹次郎も泣いて打ち解ける（ここが泣かせどころ）。

そして酒宴へ。飲むほどに店のことが心配になり、帰ろうとするが、兄は「積もる話をしたいから泊まっていけ、もしおめえの家が焼けたら、自分の身代《しんだい》を全部譲ってやる」と主張。竹次郎も言葉に甘えることにした。

深夜半鐘《はんしょう》が鳴り、蛤町《はまぐりちょう》方向が火事という知らせ。竹次郎がかけつけるとすでに遅く、蔵のねずみ穴から火が入り、店は丸焼け。かみさんのへそくりを元手に、商売してみたがうまく行かず、親子三人裏長屋住まい、そしてかみさんが患い付いてしまった。

意を決して娘を連れて兄に金借りにいくのだったが、「今のおめえに五十両なんてとんでもねえ」とつっけんどん。

「火事で焼けたら身代譲ると言ったよな、兄貴！」

「そりゃ酒の上での戯言《たわごと》だ」

としまいには兄貴に殴られる始末。

「あれが鬼の顔だ」と娘に言いつけ、捨て台詞《ぜりふ》と共に去って行く道中、七つの娘が自分が女郎になってお金をこしらえるからと呟《つぶや》く。泣く泣く娘を吉原に預け、その引き換えで得た大金を懐に帰ろうとするが、なんとすられてしまった。

絶望し、大木で首をくろうとして乗っていた石を蹴飛ばし、苦しがっていると、「竹、起きろ」と兄に起こされる。気がつくと兄の家。すべて夢だったのだ。
「ふんふん、えれぇ夢を見やがったな。しかし竹、火事の夢は燃え盛るというから、来年、おめえの家はでかくなるぞ」
「ありがてぇ、おらあ、あんまりねずみ穴ぁ気にしたで」
「ははは、夢は土蔵（五臓）の疲れだ」

さてこの名文句、なんと解く？

親兄弟や身内、つまり自分に近い人の言葉は、即座に是非とか善悪を判断しないほうがいいよ。

そのココロは？

私はこの噺は、一門の談四楼師匠から稽古をつけてもらった。オチは、「春から忙しくなって、猫の手も借りたくなるぞ」「猫の手？　あー、それでおら、ねずみ穴が気になっていた」という談四楼師匠のオリジナルを使わせていただいている。
毎度いう通り、落語は落語家がそれぞれカスタマイズできるからこそ、魅力もやり甲斐もあるもので、私はさらに自らの故郷である信州上田からきた兄弟と設定して、「上田弁」で演じている。

アメリカン・ドリームならぬ江戸ドリーム。きっと明日を夢見て碓氷峠《うすい》を越え、江戸に出てきて踏ん張っていた人たちは大勢いたはずだ。そんな背景のせいか、この話、県人会などでは鉄板のネタでもある。

兄は江戸に出てきて辛酸《しんさん》を舐め尽し、そして地獄を見てきたのだろう。尾羽《おは》打ち枯《か》らして田舎からはるばるやってきた弟は、過去のどうしようもない自分そのもの。大金を渡したら弟がその後どうなるかということは、兄には即座にわかったはずだ。

だから一見、非道のようにしか思えないような三文しか渡さなかった。この際の言葉は、ある意味難解なパスワードだ。ここで兄は弟のその読解力に賭けてみたのだ。「身内から恨まれる」というリスクまで冒《おか》して。大概そこまで腹はくれないはずなのに。

この噺をやる度に、談志から言われた「俺がお前たちにしてやれる最大の親切は情けをかけないことだ」という前座時代の言葉をいつも思い出す。師匠に対して恨みはさすがになかったけれど、正直それに近い感情を抱いたことはあったっけ。過去の思い出はいつもほろ苦い。

この噺、こう考えたらどうだろう？　身内からではなくとも、会社とかで（サラリーマンにしてみれば会社は身内か）、嫌がらせのような冷たい仕打ちを受けた時に、「これって、もしかしたら『ねずみ穴の兄貴のような配慮』なのかもな」と一瞬、思ってみる。いまは、不愉快にしか感じないことでも、後からきっちり謎解きが行なわれるものと思い込む。いや、思い込むというより自らを騙すといったほうが近いかも。

わかりやすく言うと、「**結論を先に延ばすことで、うまい具合にその不快感との距離を保ってみたら**」というサラリーマン経験もある落語家からの提案だ。

この噺に限らず、落語をこんな具合にして、上手に人生の痛み止めとして機能させてみたらどうか？　落語のそのような「難逃れ機能」にも目を向けられたら、もっと世の中のあらゆることに楽になれるかもな、と思う。

この噺に限らず、落語はもっともっと多機能なのだ。ま、それが言いたくて今回この本を書いているのだけれどもね。

師匠や親の小言と冷や酒は後からくるんだよね。その場で酔いしれるというのは、逆にすぐ覚めるということでもあるのだ。

三年目《さんねんめ》の名文句

「三年の間、髪が伸びるのを待っていました」

あらすじと解説

まだ演《や》ったことはないが、演りたい噺の一つである。

笑わせる箇所はさほどないが、しみじみと夫婦の良さが伝わる噺だ。こういう類の噺を演る際に問われるのは、腕前もさることながら、一番は語る落語家の人間性なのかもしれない。

いや、テクニックやセンスを放棄していると受け止められたら困惑するのだけれども、独演会に定着するお客様の大半は、その落語家の人間性に触れたくてやってくるのではないかと思う。

先代小さん師匠は「芸は人柄」と言ったことがあり、それを談志は嫌悪していたような素ぶりはあったけれども、談志こそ人間的な魅力たっぷりの人だった。じゃなきゃこんなに数多くの弟子たちはついてこなかったはずだ。落語は、一人ですべてを演じ切る芸能だから最終的に「自分」しか訴えられないのだ。

　あらすじは、こうだ。

　仲の良い若夫婦。元来病弱だった妻は長患いの床に付いていた。夫は献身的に看病するものの、妻はある日、死期が近いのを悟って夫にこう言った。

「私が死んだら、あなたはきっと別の人と再婚するんでしょう……」

「何を言ってるんだよ。お前の病気は必ず治る。いや。お前にもしものことがあったって、私が惚れた女は生涯お前一人だ。私ゃ独り身で通すから」

「でも、それは無理。親戚やら近所やらが、早く再婚しろ、早く再婚しろとすすめるに決まっています」

「そんなに心配なら祝言の夜、お前が幽霊になって出ておいで。お前の幽霊なら怖くない。むしろ、うれしいくらいだ。新しい妻はびっくりして逃げ出すだろう。懲《こ》りずにまた再婚を勧められても、同じようにすれば、『あの男には先妻の幽霊が取りついている』なんて噂が立って、そのうち嫁の来てがなくなる。そうなったら、私はずっと一人でいられるだろう。そうしなさい」

妻は夫の言葉に安心したのか、ほどなくしてあの世へ旅立った。夫はしばらくは独りでいたのだが、やがて親類縁者から、早く再婚するようすすめられる。仕方なく後妻を迎える運びとなった。

祝言の夜は、新妻をよそに、夫は早く先妻の幽霊が出てこないかと一晩中待っていたが、なぜかなにも出ない。三千世界とか十万億土とかいうから、幽霊も帰って来るのに日数がかかるのかもしれないと、翌晩もまた翌晩も待ち続けたが、待てど暮らせど出てこない。

初めは気の進まない再婚だったが、気の優しい男だから、新しい妻をいつまでもほったらかしにしておくのもかわいそうになってくる。床を共にすれば、情もわいてきて、そのうちに子供にも恵まれた。

新しい妻とも仲よく子供をかわいがり、周囲の目からも仲睦まじい家族になった。いつしか夫の心からは先妻の面影も薄れていたが、それでも三年目の命日には家族で墓に詣《もう》でた。

その夜、妻と子供はすっかり寝静まった頃、障子《しょうじ》に髪の毛が触れる音がする。そちらに目をやると、先妻が長い黒髪を振り乱して立っている。驚いた夫が、

「なんだって今頃出てきたんだね」

と問うと、幽霊は夫の前に来て恨み言をいい始めた。

「あれほど固く約束したのに、こんなきれいな人と再婚して、かわいい子供まで作って、ほんとに恨めしい……」

「待ってくれ！　私は、祝言の夜も一睡もしないでお前が出てくるのを待っていたんだ。でも出てこない。次の夜も、その次の夜も、待っていたのにこなかったじゃないか。そうなりゃ、新しい妻をほったらかしにできないし、子供ができるのも当然だろ。今頃になって文句を言うくらいなら、なんでもっと早く出てこなかったんだね？」

　すると幽霊が答える。

「あなた、それは無理でございます。私が死んでお棺に入れる時、皆さんで寄ってたかって髪の毛をそり落としたでしょう」

「そういう風習だから仕方ない。親戚の者たちがみんなで一かみそり入れて髪を下ろしたんだ」

「そこです。坊主頭で出たら愛想を尽かされると思って、三年の間、髪が伸びるのを待っていました」

さてこの名文句、なんと解く？

この世から去ってしまった人の目線も、大切に持ち続けることって大事だよ。

そのココロは？

私事の集大成をコンテンツとして本なんか書く以上、あえて断る必要もないけれども、まさに私事だが、前座の時に当時付き合っていた彼女を事故で亡くした。静岡に住む五つ下の女性で、十月半ばだったか「甲斐駒ケ岳の紅葉を観に行ってくる」と言い残してオフロードバイクに乗って出て以来、行方は杳《よう》としてわからなくなってしまった。

「両親から交際を反対されていたので、それを気に病み、どこかできっとほとぼりが冷めるまで住み込みで暮らしているのかも」

と淡い期待を抱いて、その両親と休みの度に人相書きのコピーを手に、立ち寄りそうなドライブインやユースホステルなどに配ったものだ。

五ヶ月後のヤマメ釣りの解禁日のことだった。沢から登ってきたヤマメ釣りの釣り人に変わり果てた姿で発見された。

今振り返ると彼女を探し続けた日々というものは、**彼女がいなくなるかもしれないという悲しい出来事を受け入れるための準備期間だった**ともいえる。

そんなハードな心のトレーニングを充分積んだつもりでも、やはりその現実はつらかった。この世で一番過酷なことは愛する人との別れだなあとしみじみ思う。

「死に対する恐怖の緩和」として、仏教をはじめとする宗教が発達したのかもしれない。そして、「生きることの絶対肯定」が落語に代表されるエンターテイメントの基本であることを考え合わせると、落語と仏教とが親和性があることも頷ける。いわば兄弟のような間柄だ。

「死んだら仏になる」というのは遺された側の思いと願いである。この噺のように死者の頭を剃っていた習慣がその象徴である。

落語がすごいのは、**亡くなった死者側の立場からこの行為を見つめている点**だ。

「若い女性だったら、黒髪が元に戻るまでの間待つだろうなあ」と、あくまでも相手側からのなんとも健気《けなげ》でいじらしい見方が施されている。まさに「メタ認知」だ。

落語はどこまでも優しいのだ。

「葬式仏教」と批判されがちな日本仏教だが、大事な人を失った悲しみを軽減させる装置として、確実に機能してきた功績は認めるべきだ。三回忌、七回忌、十三回忌と確実に〝つらさ〟を〝懐かしさ〟へと変換してくれた。

「たまには亡くなった大切な人のことを思い出してみようよ」

この噺に接する度にそう思う。黄泉《よみ》の国からはこちらの人間たちはどう見えているのだろうか。

そちらにいる皆様方、私はおかげさまで元気であります。高く遠いところからその行く末を優しく見つめていてくださいね。

第四章　じんわり編

心眼《しんがん》の名文句

「目が見えねぇてぇなあ、妙なもんだ。寝ている間はよーく見える」

あらすじと解説

落語はつくづく「相手目線」にできている。動物の立場に立った「狸の恩返し」や「元犬」のみならず、この「心眼」では目の不自由な人たちの暮らしぶりや考え方、価値観にまで寄り添っている。落語を聞くだけで、かような「他者への思いやり＝メタ認知力」がアップするといっても過言ではない。

先代・文楽師匠には、盲目の友人がいたとのこと。実体験をそれに縛られ過ぎることなく芸に活かした見本かもしれない。ドキュメンタリーとフィクションとの相関性を思う。

浅草馬道に住む、目が不自由な按摩《あんま》の梅喜《ばいき》。横浜での仕事から、しょんぼりと帰ってくる。普段とは明らかに違う様子に女房のお竹が聞いてみると、梅喜はこらえ切れずに泣き出した。

聞けば幼いころから親代わりとなって育てた弟の金公に、恥をしのんで金を借りに行ったのだが、目が悪いのをばかにされ、なじられた。口惜しくて、いっそあのちくしょうの喉笛《のどぶえ》（喉仏）に食らいついて……と思ったが、不自由な体だから負けてしまうし、ならいっそ軒《のき》で首をくくって死んでしまおうかと本気で考えたけれども、親身になって心配してくれるお竹がさぞ力を落とすに違いないと考えた。

「茅場町の薬師さまを信心して、たとえ片方だけでも目を開けていただこう」と気を取り直し、横浜から歩いて帰ってきたとのこと。優しいお竹は慰めて、その夜は寝かせた。

翌日から、梅喜はさっそく薬師如来に三七、二十一日の日参をする。ちょうど満願のその日、目が開かないので梅喜が絶望して、叫んでいるところへ、得意先の上総屋の旦那が声をかけてきた。

「おまえ、目が開いているじゃないか」

と言われてはっと気がつくと、見えるようになっていた。一念が通じたかと狂喜するも、その後、旦那について浅草仲見世まで行く途中で、自分が男前であること、女房のお竹は気だてはよいが人三化七《にんさんばけしち》のひどい醜女《しこめ》であることを聞かされがっかりする。

そこで偶然、出くわしたのが、馴染みの芸者・小春。そのまま富士横丁の釣堀という待合に入り、酒をくみ交わしているうち、お竹と違って美しい小春から「じつは、ずっとおまえさんを思っていた」と告白される。

有頂天になった梅喜はお竹はすっぱり離縁して、おまえさんと一緒になろうと約束をし、二人はいつしか一つ床に入る。

するとそこへ、二人が待合に入ったと聞きつけたお竹が、血相を変えて飛び込んでくる。いきなり梅喜の胸ぐらをつかんで、

「こんちくしょう、この薄情野郎っ」

「しまった、勘弁してくれっ、おい、お竹、苦しいっ」

途端にはっと目が覚める梅喜。

「お前さん。悪い夢でも見たのかい」というお竹の言葉に、梅喜我に返って、

「ああ、夢か。……おい、お竹、おらあもう信心はやめるぜ」

「どうしてだい？」

「目が見えねぇてぇなあ、妙なものだ。寝ている間はよーく見える……」

さてこの名文句、なんと解く？

本当に大事なことは、目には見えないのかもとわきまえるんだよ。

そのココロは？

文明とは「なにかに任せること」なのかもしれないと、地下鉄に線路への転落防止柵が普及されてゆく一連の動きを見て思った。目の不自由な乗客の転落事故死という、銀座線青山一丁目駅での忌まわしき出来事が記憶に新しい。

むろん、その設置によって転落事故を未然に防ぐことに異を唱えるつもりはまったくない。両手を挙げて大賛成だ。ただ一番怖いのは「仏作って魂入れず」の通り、そういった文明の利器があるからもう目の不自由な人たちは大丈夫だろうと機械任せに思ってしまいかねないところではと思う。

やはり一番大切なのは転落防止柵もさることながら、わけ隔てのないコミュニケーションなのではないか。

私は前座時代、大泉学園に住んでいたが、そこでYさんという目の不自由な方とひょんなことから仲良くなった。たまたま階段を難儀しながら昇っていたのを、「お手伝いしましょうか」と声をかけたのがきっかけだった。

以後、職業がマッサージ師というYさんとは生活のリズムも同じなのか、駅で頻繁に会うことになった。

「おはようございます」

「お、ワコールさんですね。今日はどちらまでです?」

などとやりとりをするうちに、何度か飲んだこともあった。

そんなある夜のことだった。普段と同じように軽く挨拶を交わすと

「お、ワコールさん、今日はだいぶお疲れのご様子ですね」

と言われてしまったのだ。それはまさに図星だった。

その頃、前座として師匠からも怒られ続けられたりなど、いろいろ抱えていることが大きすぎて悩んでいた最中で、Yさんのそのほんの何気ない一言に、ああ、こんな大都会の片隅に、俺のことをきちんと見つめてくれている人がいるという気持ちになり、思わず涙が溢れてきてしまった。

これまた異変に気づいたYさん、

「どうしました？」

「いや、あの。Yさん、優しいんですね」

「（私が泣いているというのを察知し）私は耳だけが頼りなんですよ。マッサージのお客さんの顔の表情とかわかりませんから、人の声の調子には敏感なんです」

視覚が制限されているYさんにしてみれば聴覚のみが頼りで、死活問題なのだ。Yさんが生きるために必死で磨いた聴覚センサーに、私がたまたま引っかかり、助けられた格好だった。

以来、目の不自由な方が駅を歩いていると積極的に声がけをするようにしている。いくぶん極論めくが、健常者が見えているというのはなんだか傲慢な気がする。目の不自由なYさんに、心の闇を見透かされていた自分の過去を振り返り、そう思う。

うまい言い方をすると「視覚に死角あり」か。この落語の名言、噛みしめると怖くなる。**「見える」というのは差別の始まりなのだ。**美醜、優劣、貧富などなど見えるからこそ格差は歴然とする。

「見えているけど見えていない。見えないと思っていたらじつは見えていた」

まるで禅問答のようでもあるが、これがこの落語の真理だ。

断っておくが、私が身障者に対して優しいとか思いやりがあると言いたいのでは決してない。どんな人とでもつながっておくと、その余禄としていいことがあるよということだ。まして落語家だもの、「目の前の人すべてをお客さんと思いたい！」（この姿勢、案外使えますよ）。ただそれだけだ。「転落防止柵をこしらえる前に心の柵を解除しておく」。

コミュニケーションとはスキルとかテクニックではなく、日頃の訓練、いやむしろ癖として身に付けるべきものだと思う。

かぼちゃ屋《や》の名文句

「売る奴が利口で買う奴がばかなんだな」

あらすじと解説

談志の演じる与太郎はばかではなく、斜に構えた妙な理屈のある、それでいて可愛げのある奴だった。逆にいうと、ばかで与太郎を演じようとするとその性格上、破たんをきたすということを訴えたかったのかもしれない。

素《す》っ頓狂《とんきょう》に飛び出す与太郎の、ばかとはとても思えない、彼なりに理にかなったセリフに、他の登場人物が困惑させられるようなところで談志は受けを取っていた。しかもすべてアドリブだった（やはり天才だ）。

前座から真打ちまで幅広い層が演じるこの「かぼちゃ屋」であるが、ストーリーは単純だが、人物描写だけで、落語は聞かせられるという見本のような落語かもしれない。

　二十歳になっても仕事をせず、ぶらぶらと遊んでいる与太郎。世話焼きの叔父さんからかぼちゃを売るように仕込まれる。

「いいよ、そんなの」

「いい訳があるか。だいたい、遊んでちゃ飯が食われないぞ。なんで飯を食うか知ってるか？」

「箸と茶碗」

「そうじゃないよ…」

「あ、ライスカレーはシャジ（匙《さじ》）で食う」（これはちなみに先代小さん師匠のオリジナルのギャグ）。

　呆れ果てた叔父さん、自分の商売を教える。二種類のかぼちゃ（大きいほうが十三銭、小さいほうが十二銭）を、勘定しやすいように、大小十個ずつ籠に入れ、「これは元値だからよく上を見て（掛け値をして）売れよ！　試しに自分でやってこい」と言って与太郎を送り出す（この「上を見る」という言葉に対する誤解が笑いの元になる）。

「暑い……暑い……」

日差しの強い往来をしばらく歩いていると、出会った人から、「かぼちゃは唐茄子とも言うから『唐茄子屋でござい』とやれ」などと温かいアドバイスまでもらう。これも与太郎の人徳か。その忠告通りに商いを続けていると、またまた親切な人と遭遇、なんと長屋の衆に声をかけて売ってくれた（どこまでツイているんだろう、与太郎は）。

それはラッキーだったのだが当の与太郎、叔父さんから言われた「上を見ろ」を額面通り受け止め、「上を見る」、つまり空を眺めているばかり。結果、元値のまんますべてを売り切ってしまった。

商売なんて楽なもんだと喜んで帰ると、叔父さんは与太郎の売り溜めを見て原価と儲けを別にしていると勘違いする。「上を見たのか（掛け値したのか？）」という叔父さんからの問いに「きちんと上を見ていたよ」とぼんやり空を眺める仕草をする与太郎。

ここで叔父さんは自分の言葉と与太郎の理解との齟齬《そご》を知って激怒し、「掛け値しないと女房っ子（＝女房や子供）が養えないだろ⁈」と最前と同じ数のかぼちゃを担がせ、またまた売りに行かせる。

再び商いに出た道中で〝掛け値〟の意味を初めて理解し、名言「売る奴が利口で買う奴がばかなんだな。間の悪い奴は間に入って売らされている」を吐く。また同じように甘えさせてもらえるだろうとかぼちゃを全部売ってくれた先ほどの恩人を訪ねていく。

仕方なしにまた売るのを手伝おうとする人（この人、どこまでいい人なんだろうか）に、「さっきの十二銭のをくれ」と言われると、「あれは十三銭」と答える。「なんで急に値上げしたんだ？」と聞かれ、与太郎は「掛け値」の話を洗いざらいぶちまける。

呆れて「お前いくつだ？」と聞く親切おじさん。

「あたいは六十」

「どうみても二十歳ぐらいだろ」

「元は二十歳、四十は掛け値」

「なんで年齢に掛け値する？」

「掛け値しないと女房っ子が養えない」

さてこの名文句、なんと解く？

経済の基本原理は、与太郎さんが教えてくれた。

そのココロは？

「経済」とは「economy」の訳語であり、元来は「経世済民」、つまり「世を経《おさ》め、民を済《すく》う」という意味であった。

むろん、その訳語に至るまでは幾多の段階、かなりのプロセスがあったとのことであるが、いまや「夜行バスのほうが経済的でしょ」「百均って、案外経済的じゃないよね」みたいな使われ方をされてしまい、「経済」が完全にカネにフォーカスした格好、いや悪意を込めていうのならば、経済が「カネに魂を売った言葉」になってしまった感がある。

談志曰く「言葉は文明」たる大きな理由がここにある。その結果、本来「経世済民」の「人を救うための経済」が今や守銭奴《しゅせんど》になってしまったのだ。ま、それがつまるところの資本主義なのであろう。

談志は与太郎のこの名言を「経済の本質」と見抜いた。真夏の猛暑のなか、かぼちゃの荷を担いで売らされるというパワハラのなかで、資本主義の構造をズバリ把握した与太郎だったのだ。

与太郎のこの名言を翻訳すると「プライスリーダーシップはあくまでも供給者側にある」という意味だ。もっと深く考えると、「**だから買う側はもっと頭良くなれよ、俺みたいにな**」**という与太郎の隠れた訴えにすら思えてきてしまう。**してみればテレビや雑誌の広告・コマーシャルなんて、「売る側の賢さを訴求し、消費者側が釣られて買ってしまう効果を増幅させるための装置」とも言い換えられる。

騙されてはいけない。ゆえに私はいつもそんな広告の類に接するたびにツッコミを入れることにしている。電車のなかの広告なんかそんなのだらけだ。某予備校の「なんで私が東大に⁉」という車内吊り広告を見ると、「お前が受験したからだろう」、某かつらメーカーの「雨にも負けず風にも負けず」というキャッチフレーズには、「雨や風に勝てても、ハゲが恥ずかしいという気持ちに負けているんじゃないのかなあ」といった具合にね（そういう意味で言うと、広告やコマーシャルってまさにツッコミどころ満載でもある）。

そして、さらに言うならば、「受信者サイドである消費者が賢くなれば、それに呼応するように発信者サイドの供給者側ももっと賢くなっていく」という「その先」も見据えていたのかもしれない。

利潤の肝は「掛け値」にあり。ちなみにそんな掛け値のなかに資本主義のシステムエラーを見出したのがマルクスでもある。そうやって双方に進化を要求する永遠運動こそが資本主義の未来像なのだと思えてくる。

資本主義の概念すら芽生えていない江戸の時代に、かような高度に発達した経済の行く末を預言をしているとは、やはり与太郎はばかではないのだ。

この落語にサブタイトルを付けるとすれば、彼はまさに「掛け値なしの優れたヤツ」と言えるかもしれない。ま、買いかぶりだろうけど。

化《ば》け物使《ものつか》い の名文句

「こんなに化け物使いの荒い家《うち》、辛抱できません」

あらすじと解説

「人使い」と「化け物使い」。「人＝化け物」と等価交換したところにこの落語の面白さがある。「小言幸兵衛」のパワーアップバージョンとも言うべきか。あちらの幸兵衛さんは妄想に基づいた小言だけだったが、こちらは激しい「無茶振り隠居」だ。

先年、亡くなった水木しげる先生は、おそらくこの落語にかなりインスパイアされたのではないかと思う。強烈な個性の隠居の元、アゴで使われているお化けが哀れでもあり、またユーモラスでもあるところがミソである。

本所に住む元御家人で、一人暮らしの隠居の爺さん、人使いが荒く使用人が居つかないことで有名。日本橋葭町《よしちょう》の桂庵《けいあん》の千束屋《ちづかや》に紹介されて、杢助《もくすけ》さんという男がやってきた。

薪割り、炭切り、縁の下の掃除、天井の掃除、塀洗い、草むしり、どぶ掃除から向い両隣の家の前までも掃除させ、さらに手紙を品川の青物横丁まで届けさせ、ついでに千住まで回らせる（ついでという距離でないのがすごい）。

それでも杢助さんは隠居の家で三年間も働き続けていた。しかし、隠居は化物屋敷と噂される家に引っ越すことになってしまった。

化物が大嫌いな杢助さんは暇をもらって国元へ帰ってしまう。人使いが荒い上に化物屋敷では、千束屋に頼んでも誰もきてくれない。

不便な上、一人は寂しく、化物でもいいから早く出てくれないかと思っていたら、夜が更けてぞくぞくしてきた。一つ目小僧がやってきたのだ。

隠居はお化けの登場に驚くどころかすぐこき使いはじめた。晩飯の片づけ、洗い物、水汲み、布団敷き、肩たたきと、あれこれと用事を言いつける。

そして、一つ目小僧に、「明日は昼間から出てこい！」と言ってさっさと寝てしまった。

翌日は大入道がやってきた。一つ目小僧と同じ仕事のほか、体力を活かした庭の石灯籠の修繕、屋根上の草むしりなどやらせる。「お前は十日に一遍でいいから、一つ目小僧をこさせろ」と、身勝手な注文をしていると大入道は消えてしまった。

三日目はのっぺらぼうの女だ。脅しにかかるのだが、隠居は怖がるどころか「なまじ目鼻があるために苦労している女は何人もいるんだから」と平然と言う。これも名言だ（ここで顔を描くギャグを私は入れている）。

やっぱり女のお化けのほうが家のなかが華やいで明るくなっていいので、明日からは主にお前がきてくれというと、のっぺらぼうは消えていた。

化け物はなにも食べずによく働き、しかも無給金で毎晩きてくれるのだから、隠居にしてみれば願ったりかなったりだ。さて、次の晩はどんなお化けが出てくるかと楽しみに待っていると、障子の向こうから大きな狸が現れた。この狸が毎晩化けて出ていたと言うのだ。狸は涙ぐんで、

「お暇をいただきたいのですが」

「なに、暇をくれ？」

「こんなに化け物使いの荒い家、辛抱できません」
さてこの名文句、なんと解く？

実際、存在しないものを怖がるから、陰で誰かが儲けているんだよ。

その ココロは？

この落語、**なにがあってもまったく動じない隠居を通じて「恐怖感からの解放」を訴えたかったのではないかと**深読みしている。すごすぎだ。動じないという意味では落語の世界のトップクラスでもある。

古くから、「人を怖がらせる」という手管《てくだ》は存在していた。昔でいうなら「不幸の手紙」か。今なら「チェーンメール」か。いやこれらはただの脅しだろうけど、近年はさすが高度に発達した資本主義社会らしくカネが絡んでくる。「ネットでのＡＶ視聴による未払金の督促メール」などがそうだ。いやはや、手が込んでいる。私も含めて身に覚えのある人は山ほどいる。「相手を恐怖に陥れて、救いの手を述べる格好で良心的な値段設定のお金をせびる」なんて、よくぞ考えたもんだ。そして、その最たる例が「振り込め詐欺」だろう。

二〇一四年の調べによると、警察が把握した数字だけで被害額は軽く五〇〇億円を超えているとのこと。「恥ずかしくて被害届なんて出せない」と泣き寝入りしている人もいるはずだから、それらも計上するとその被害額は倍以上だという指摘もある。

もはやこうなれば総額レベルでいうと、一部上場企業の売上金にも匹敵する。もはや、振り込め詐欺という名の重大犯罪だ。一〇〇〇億もの大金が表の経済に回っていれば、もっと景気も良くなるのになとしみじみ思う。

警察サイドもなんとか未然に防ごうと投資しているらしく、先日も、とある警察署からの「振り込め詐欺を防ぐための講演をお願いします」との依頼を受けて話してきた。

開口一番、「振り込め詐欺を防ぐ方法があります。それはお子さんを引きこもりにすることです」と話したら案の定ドン引きだったが。むろん、これは極論だ。すぐに軌道修正したが、要するに言いたかったことは、「お子さんとの密なるコミュニケーションこそが大切なのです」ということなのだ。

目の前に我が子がいたら、我が子を名乗る人間から電話なんざかかってきてもすぐわかる。いや、家にいる引きこもりではなくても、マメに連絡を取り合っていたら、親子間の心理的な距離感はなくなり、結果として日頃の会話の積み重ねで大きな犯罪なんか防げるはずだ。

「一週間に一度ぐらいは積極的にお子さんにこっちから電話してみましょう！　もっと言っちゃえば、その際お子さんに『少し、お金振り込んでよ』ぐらいのことを言っちゃいましょう。子供に甘えるのです。振り込め詐欺には逆振り込めで！」と最後は笑わせる形で締めてきた。「振り込め詐欺」は**〝世間体〟を上手に人質に取り〝恐怖感〟を煽《あお》ることで**成立している。かような詐欺事件にしろ霊感商法にしろ犯罪は概ね〝恐喝〟が基本だ。だったら驚かなければいい。

ここからは想像だがこの噺が作られた頃というのは、科学も進歩していない時代ゆえ、今よりはるかに化け物や幽霊にまつわる逸話で人々は戦々恐々だったはずだ。きっとそれに乗じて陰で儲けていたインチキな連中もたくさんいたと思う。

「恐怖感からの解放」という頼もしい姿勢は、この落語から学べるはずだ。談志に対する恐怖感でここまで成長してきた私がいうと説得力はないかもしれないが、逆にいえば恐怖感は逆手に取って、原動力としてエネルギー転換させればよいのだ。

「恐れたら相手の思うつぼ」。**「恐怖感からの解放」とは自分が主導権を持つということでもある。**タフになろう。

あくび指南《しなん》の名文句

「あら、お連れさんのほうがご器用だ」

あらすじと解説

「あくび」という生理現象を、教えることができてしまう。談志はこれを「まさに落語の中の落語、爛熟の極み」と定義した。

「爛熟の極み」とは言葉を変えるならば、「究極の平和」という意味でもあろう。銃弾が飛び交うなかでは、こんなのんきなことなど教える奴もいなければ、教わろうとする奴もいないはずだ。子供たちに銃剣道なんかを教えるより「あくび」に代表されるような、くだらないものを教えたらどうか。

大学がまるで人生の役に立っていないことを証明するかのような、学歴無駄遣いの落語家の戯言《たわごと》であるが。

八五郎は、熊五郎に声をかけた。熊さんは、これから芸の稽古に行くところらしい。ひとりぼっちは寂しいから一緒にこないかと誘われるが、この熊さん、以前にもいろんな習い事をかじったことがあり、なにか芸を習うたびにその師匠とけんかをするなど事件を引き起こしてきた。

八五郎は一旦断るが、内容が「あくび」という珍しいものだったので、好奇心から、見学だけ行くことにした。

先生宅であくびの稽古が始まると、「あくびには四季のあくびがあり」などともっともらしい話があり、一番初心者向きという夏のあくびをならうことに。場所は舟の上、けだるさが出始める頃合いのことだ。

「お～い……船頭さん……船を上手《かみて》へやっておくれ……堀から上がって、一杯ヤッて……夜は遊郭《なか》へでも行ってパッと陽気に遊ぼうか……船もいいが、こう長く乗っていると退屈で……退屈で……（フワァ～～）ならねぇや……（あくび）」

という難しそうな内容に、熊さんは悪戦苦闘する。

その上、熊さんは、「遊郭」のくだりになると必ず脱線してしまう。しまいには先生からも呆れられ、ひどいことを言われ始めた。

恐ろしく不器用なのだった。八五郎は、呆れてしまいには怒り出し、

「くだらないことやってるんじゃねえ。お前らは稽古してるからいいけどよぉ……見てる俺は……退屈で退屈でならねぇ」

と一発あくびをする。

これを見ていた先生は、「あら、お連れさんのほうがご器用だ」。

さてこの名文句、なんと解く?

一生懸命努力を重ねたとしても、才能のある奴にはかなわない。

そのココロは?

この噺を初めて聞いた時、あくびを教えるという素っ頓狂な設定もさることながら、この名言にときめいた。そして、アイドルが芸能界に入ったきっかけを問われ、「友達のオーディションに付き合って行ったら、たまたまスカウトされた」などと言うエピソードを思い出した。

「本人ではなく、**たまたまそばにいた人間の才覚が認められてしまうというのが世**

の中なんだぜ」とこの短いオチのなかで謳われているような気がしたのだ。「世の中、才能のある奴にはかなわない」というのは真理である。これは決して「努力は無駄だからやめろ」と冷たくいい放っているのではなく、むしろ「無駄な努力はやめるべきだよ」と短い落語のなかで、優しく言い切っているのだと受け止めたのだった。

向いてないものは仕方ないものだ。十年以上やったタップダンスはなかなか上手くならずに苦労していたが、サミー・デイヴィス・ジュニアの「父さんのタップを舞台袖で見ていて覚えたんだ」というインタビュー記事に接し、言っていることの半分以上を差っ引いても、やはりタップは自分なんかが向き合えるジャンルの芸能ではないと悟ったものだった。

特に芸能系は、まず天性のセンスがないとどうしようもない。「一度聞いただけで、噺の流れは概ね頭に入った」と言っていた談志のような天才が、凡人の努力という単語では到底、凌駕できないほどの情熱をかけて取り組んだのが落語だった。当然、彼我の差は開く一方である。

ところで努力ってなんだろう？　努力というものの定義を考えた場合、談志は〝ばかに与えた夢〟と断言したが、私なりに努力して考え続けた結果、こんなたとえ話が浮かんできた。

宝くじで一等の賞金を当てるのを一つの成功の具体例とした場合、その当該宝くじを全部購入すれば一〇〇パーセント当たることになる。その「当たる確率を上げる行為」こそが努力に相当するのではないか、と。

つまり、宝くじをまず買わなければ当選しないのは当然で、かといって一枚だけ購入したとしても一等に当たる確率は猛烈に低いわけで、当てようとしたら、何百、何千もの結果として外れ券になる宝くじを買わないとその奇跡は起きない。

天才とは、努力しないで一枚だけ買って宝くじを当てる人だと誤解されがちだが、そうではなく、何千枚何万枚ものくじを当たるまで買い続けることのできる無頓着の、段違いの人なのだと思う。

そんな凡人とは桁外《けたはず》れの行為を、一言で「努力」などと簡単に言い表そうとしている姿勢を、談志は唾棄していたのである。決して地道な積み上げ行為を否定してはいなかったように思う。努力論が続いてしまったが、この噺、**「人にモノを教えるなんて、もともとあくびを教えるような程度のものなんだよ」と痛烈に訴えているようにも見えはしないだろうか。**

すなわち、「教育への痛烈な皮肉」にも感じるのだ。連休前や年末、期末あたりになると、決まって習い事や塾などの案内で新聞広告が増加する。「自己変革」「新しい自分」などの惹句を見るにつけ、日本人はもともと教わり好きなのかなあとも思う。

かくいう私も大昔、「すぐに瓦が割れるようになる」ということで、通信教育の空手講座を申し込んだりしたばかりか、「すぐに筋肉が付く」というキャッチフレーズにそそのかされて、インチキなプロテインを通販で買ったりしたものだった（その後二十年以上経って「プロテインを飲むだけでは筋肉は大きくならない」とやっと理解した）。

つまり私は、「あくび」を習いに行ったこの落語の主人公のことをまったく笑えないのだ。あくびがまったく上達しなかった熊さんも、友達のほうがスカウトされてしまった芸能界志望の女の子も、自分に向いた世界、自分の〝努力〟が報われる世界がきっとあるはずだ。そしてそれが決まったら、自分向け宝くじを爆買いするように努力を重ねればいいだけの話だと思う。諦めてからが勝負なのだ。

最後に談志の金言を贈りたいと思う。

「俺がここまでこられたのはな、教えてくれた奴のだめさ加減に気付いたからだ」

妾馬《めかうま》の名文句

「身分が違うなんてぇなあ、情けねえもんだなあって、お袋、泣いていたよ」

あらすじと解説

「八五郎出世」と題されて演じられることもあるこの噺、侍と町人とのカルチャーギャップによる笑いも、八五郎のおっかさんの述懐による庶民の慟哭《どうこく》のような涙も両方ある贅沢な噺だ。

うちの師匠は「どこが面白いんだ、こんな噺」と、絶対やらなかった噺だが。「芝浜」はあんなに照れずにやれる人だったのに。「井戸の茶碗」も嫌がっていた。つくづく不思議だ。

行列の駕籠にて、ある長屋の前を通りかかった大名・赤井御門守《あかいごもんのかみ》が、お鶴を見《み》初《そ》め、〝屋敷奉公〟つまり側室にという。御門守の意を受けた家来がすぐに長屋を訪れ、大家に話をつけた。

お鶴は十七歳、母親と兄の八五郎の三人暮らし。大家がこの一件を話して聞かせると、母はお鶴を出世させてやれると大いに喜ぶ。兄の八五郎も、お屋敷奉公が決まれば支度金百両がいただけると聞き、喜んだ。

八五郎は大金を貰い、お鶴はめでたくお屋敷へ上がった。お鶴は、間もなく世継ぎの男の子を出産し、「お鶴の方さま」と呼ばれる出世をした。その間、八五郎はもらった金をすっかり使い切って遊び呆《ほう》けてしまう。

ある日、八五郎が屋敷に呼ばれることとなった。大家は遊び歩いていた八五郎を見つけ出し、着物もすべて貸して、御前へ出たら言葉を丁寧にしろ、などと忠告をして送り出した。

屋敷に着いた八五郎は、赤井家ご重役の田中三太夫に御前まで案内される。お鶴を伴って現れた御門守に対し、とってつけたような仰々《ぎょうぎょう》しい言葉遣いをする八五郎であるが、御門守は「無礼講であるから朋友《ほうゆう》に申すごとく申せ」と勧める。

これを聞き、八五郎はいつものように傍若無人《ぼうじゃくぶじん》に振舞う。いらつく三太夫に対し、御門守は「控えておれ」と三太夫を制し、むしろ八五郎を「面白い奴」と気に入る。酒でもてなされ次第に酔った八五郎は、そこで初めてお鶴がそこにいることに気づく。
出世しお鶴を目にし、身分の違いで初孫の面倒すら見られない不憫《ふびん》なお袋のことを思い、酔いに任せて名言「そばにいてやりゃ、おしめも換えてやれるし、子守もしてやれるんだけれども、身分が違うなんてぇなあ、情けねえもんだなあって、お袋、泣いていたよ」の名言を吐く。
八五郎は御門守に「お鶴を末永くかわいがってやっておくんなさい」と言い、しんみりしたところで景気直しだと都々逸《どどいつ》を唸《うな》り出す。八五郎を気に入った御門守は彼を侍に取り立てる。

さてこの名文句、なんと解く?

なにか訴えたかったら、間接的に言ったほうが効果的だよ。

その ココロは?

この名言セリフの後、私は、八五郎が座り直して、

「殿様、あっしはお目録なんかもらっても使っちまって、また怠け癖が付いちまうだけです。そんなことより、お袋に、お鶴の子の面倒を、見させてやってください。殿様にしてみりゃ、お鶴の子は大切なお世取りかもしれませんが、お袋にしてみりゃ、初孫なんです」

これを聞いたお殿様が、「八五郎、そちの願い、余はしかと受け止めたぞ」と言うさらに泣かせるシーンを盛り込んで、八五郎に、「おいお鶴、おめえいい亭主に恵まれたな」などとやらせてもらっている。この自己流の演出が許されるどころか、逆にどんどん果敢な姿勢で挑んでいかないといけないのが、現在の落語家の置かれている環境なのだ。

はてさて、ほんわか泣かせムードはひとまずここまでにしておこう。

私は、このウェットなセリフをもっとドライに捉えてみたい。それが古典落語のセリフを、現代に役立たせようという、本書のそもそもの主旨でもある。「お涙ちょうだい」はやはり落語の目指すべき本来の世界観ではないものとわきまえた上で、ではなぜこの名言が涙を誘うのかを思い切り冷静に考えてみた。

なぜ、ここが一番ぐっとくるのかというと、八五郎のお袋さんが殿様に直談判しているわけではなく、間接的に八五郎にその切なさを訴えさせているからではないかと思う。

しかもさらに高度なのが、お袋さんが八五郎にそう訴えている場面が描かれているのではなく、**殿様を前にした現場で思い出しながらあくまでも淡々とつぶやいている点だ。**

この間接話法的な差配は、落語の人情噺の肝でもある。これを実生活で使わない手はないのではないか。

たとえば、だ。あなたが会社の上司だとしたら、部下の誰かを褒める時、当人のいない時に、他の人間の前で褒めてみたらどうだろう？　我々の世界では目の前で本人を褒めるのは、「セコよいしょ」と言ってかなり低レベルとされている。それに比べたら、これはてきめんのはずだ。

実際、私も故郷上田で、師匠にはごくたまにそうやってほめられたものだ。そうすると、そんな私への評価をその場で聞いた地元の人たちが、私を応援した甲斐もあったとますます応援するようになり、そしてさらには私をそのように支えてくれる師匠に対しても、ますますファンにもなるという相乗効果を生んだ。

数字的にも本人に向けての賛辞は「一対一」なのに対し、本人不在の場合は「一対大多数」にもなる。

また本人がいる前での評価は、当人が恥ずかしがり屋なら照れによる拒絶もあり得るし、またその逆で増長する可能性すら発生してしまう。間接的なアプローチは、かくもいいことずくめなのである。

元に戻って、この落語のなかでのこの名言は、八五郎の親と妹を思う優しさと、同時にその頃の人たちみんなが抱いていたであろう「身分制社会のつらさ」をも上手にアピールしている。ここまでの構図がすでにあるのだから、この名言はもう泣かざるを得ないと言ってもいいぐらいのセリフなのだと思う。

談志は、メロドラマのセットが完全に確立されているようなこの噺の構成に、「もはや自らの斬新な演出のできる可能性は低い」と見切っていたからこそ、この噺を拒絶していたのかもしれない。「俺が手を加える余地はないだろう」と。まして過去の名人たちの名演を生で見聞きしてきたはずだから余計だ。

余談だがこの「八五郎とお鶴」という設定はそのまんま、「男はつらいよ」の「寅次郎とさくら」に引き継がれている。

さくらがタコ社長が経営する印刷屋勤務の夫ではなく、大金持ちの社長の御曹司に嫁いでいたら「妾馬」そのまんまだが、町工場の社員に嫁がせたところに、山田洋次監督の現代的庶民目線を感じる。

死神《しにがみ》の名文句

「そうはいかねえんだよ。『人間の寿命はどうにもならねえ』って、おめえの得意なセリフだったじゃねえか」

あらすじと解説

言わずと知れた三遊亭圓朝作。まさに「人間の業の深さ」がよく表わされている噺だ。オチは各落語家がそれぞれ競い合うようにして作り込んでいる。

私のは、従来通り「消える」と言って落とした後、再び死神に揺り起こされたこの男、なんとその死神から仲間入りを告げられる。動転している男に死神が、「一息入れたらな、金儲けのやり方、教えに行ってこい」と二段オチを取っている。かくして死神が拡大再生産されてゆく。「カネを儲けること」とは身の破滅という深いオチ。

五十文の銭《ぜに》も手元にないビンボーな男が、女房と口喧嘩し、金の工面に行かされる。

「こんな嫌な思いをするならいっそ死んじまおうかな。どんな死に方がいいかなあ」

とつぶやいていると、「教えてやろうか」と、なんとそこに本物の死神が現れてしまう。仰天する男に、死神は「お前に死神の姿が見えるようになる呪いをかけてやる。もし、死神が病人の枕元に座っていたら、そいつは駄目。反対に足元に座っていたら助かるから、呪文（ここも落語家それぞれのオリジナル部分）を唱えて追い払え」と言い、医者になるようアドバイスを与えて消えた。

家に戻りしばらくすると、病人を診《み》てくれと大金持ちからの依頼が。早速、病人の部屋に入るとうまい具合に足元に死神がいる。インチキ呪文で死神を追い払い、大金を手にする。

これを皮切りに医者として有名になり、診た病人のほとんどが足元に死神がいたラッキーも手伝って、大儲け。たまさか枕元に死神がいた場合でも、「人間の寿命はどうにもなりません」と医者らしく予言するので評判は鰻登り。

が、好事魔多し。悪い女に引っかかったのがきっかけで、すぐにまた貧乏に逆戻り。ついてないときは仕方ないもので、今度は診察依頼のある病人のほとんどが枕元に死神がいるタイプ。ますます困窮《こんきゅう》を極めていく。

そんな折、またまた大金持ちから旦那の治療を頼まれた。行ってみると死神は枕元。千両の現金に目がくらんだ男は、死神が居眠りしている間に布団を半回転させ、死神が足元にきたところで呪文を唱えてたたき出してしまう。

大金をもらい、大喜びで家路を急ぐ男は途中で死神に遭遇。大量のロウソクが揺らめく洞窟へと連れて行かれた。蠟燭《ろうそく》は、それぞれ人間の寿命とのこと。今にも消えそうな蠟燭を指差し尋ねると、それがその男の寿命だという。

死神曰く、

「お前は金に目がくらみ、自分の寿命をさっきの病人と取り替えたんだよ」

青ざめた男が「千両やるから助けてくれ‼」と絶叫した時に死神が名言

「そうはいかねえんだよ。『人間の寿命はどうにもならねえ』って、おめえの得意なセリフだったじゃねえか」

とつぶやく。蠟燭が消えれば自分は死ぬと知りパニックになった男は、落ちていた燃えさしの蠟燭に火をつけようとして、必死に継ぎ足そうとするが……。

「アァ、消える……」

さてこの名文句、なんと解く？

人間は、自分の吐いたセリフに復讐されてしまうものなのだよ。

そのココロは？

世の中、まさに「因果応報」だ。結果には必ず原因があるし、一つの素因が大きな結論を導き出す。

ビートたけしさんはかつて「芸人は自分が言ったギャグに殺されるものだ」と言ったが、まさにそれと同じだ。談志の元に入門した時、一番最初に課されたのが、「お前、慶応だよな。『積善《せきぜん》の家に余慶《よけい》あり』って言葉の意味、調べてこい」だった。引っ越してきたばかりだったのと、本屋で『広辞苑』などを買う金がなかったこともあり、即、地元の図書館に朝イチで出向いた。その言葉の由来と本来の意味を調べて書き記し、師匠に伝えたものだった。

この言葉の真逆の「積悪《せきあく》の家に余殃《よおう》あり」というのも併せて書き加えたが、「いいことも、悪いことも、すべて日頃の行ない、積み重ねなのだ」ということを調べながら、自分もついでに悟った。当たり前だがすごい言葉だ。

これは、いくぶん飛躍させると「世の中、すべて必然なんだからなにも驚くことなぞない」と先人たちが未来人に向かって送っているメッセージのようにも感じられはしないだろうか？　いま成功を収めている人は、個人の生命を超えたもっと長い〝家〟というスパンで考えてみるべきなのかもしれない。

先祖代々、いい事を積み重ねてきた家の子孫は、その恩恵を享受できるもの。先代林家三平師匠は、飛ぶ鳥を落とす勢いの頃から、テレビ局の末端のアルバイトさんにまでご祝儀を渡して優しく丁重に接していた、と伝え聞いたことがある。むろん、この逆も成り立つ。

さらにいえば、いま不遇に喘《あえ》いでいたとしても、めげずにいい事を積み重ねていけば、後世の子孫が逆転してくれる、そんな可能性もあると思えてくる。やはり言**葉というものは、発信者側のというよりも受信者側のもの**だと思う。

「エネルギー不滅の法則」に基づくのならば、発した言葉は永遠に時空を漂うことになる。それが巡り巡って、自分にのみならず、自分の子や孫にも波及するものだと思うと、迂闊《うかつ》な言葉は吐けなくなる。自分が他人にぶつけた酷い言葉が、自分の子や孫にぶつけられたらたまらない。齢《よわい》五十を超えるとそんな気持ちが強まってゆく。

入門したばかりの頃、なぜそんな言葉の意味を自分に調べさせたのか。むろん、師匠の気まぐれかとは思うが、それは「言葉のみならず、稽古もそうだ。**積み上げてきたものがいいものなら、いい結果をもたらす。それが悪いものなら、悪い結果をもたらす。世の中はただそれだけ。非常にドライなものなんだぞ**」ということを、駆け出しの自分に訴えようとしていたのかなとふと思う。

天に向かって吐いた唾《つば》が顔にかかるのと、蒔《ま》いた種から花が咲き、実がなるのはまったく同じなのだ。脅しにも聞こえるが、同時に「反省するのなら早めにしろ、時間はかかるかもしれないが、いつかはいずれ好転するぞ」という優しい響きにも聞こえる。運とか不運とかのせいにするよりも、より前向きになれるはずだ。

「五〇〇円玉貯金で世界旅行する」のと、「誰かをディスってばかりいる人の周りに誰もいなくなる」のとはまったく同じ構図なのだ。どうせなら一度きりの人生、先代三平師匠を見習って明るい蠟燭の炎を灯し続けたいと、自戒を込めて思う。

紺屋高尾《こうやたかお》の名文句

「久さん、元気？」

あらすじと解説

江戸っ子は照れ屋だ。心にもないことをとかく口にしてしまう。時にそれは、野暮な人たちから見たら、冷たく、また時としてブラックにも聞こえてしまうものだ。

そして「わからねぇなら、無理にわからせることもねぇや」とばかりに躍起になるので、余計その真意が伝わらなくなってしまう。そんな江戸っ子のなかで育まれたのが古典落語であるならば、この噺はそんな意味では異質な香りがする。

「初恋」という語感からして、気恥ずかしい匂いが立ち込めてくるような噺を、よくもまあ残し続けてくれたものだとしみじみ思う。

だからこの噺をやる一番のポイントは、「照れないこと」だと思う。演者が照れるとお客様はもっと照れてしまうものだ。

神田お玉ケ池は紺屋六兵衛のところで働く染物職人、久蔵は遊び一つ知らないまじめな男だ。その久蔵が、なぜか三日前から患って寝込んでしまっている。親方の六兵衛が尋ねてみると、恋わずらいと判明。

仲間に誘われ、吉原の夜桜見物で花魁《おいらん》道中を初めて目にし、その時に遠巻きに見た高尾太夫に恋い焦がれてしまった。あんな美人と一晩語り明かしてみたいが、相手は〝大名道具〟、とても無理だ……と、帰ってきたとたんにがっくりきて、寝込んでしまったのだという。

唖然《あぜん》とした親方だったが、このまじめ一徹の男に、ズバッと無理だというとかえって変になってしまうと、思い直して、「いくら太夫という最高級でも売り物買い物だろ？　金さえあれば会える」と諭《さと》す。

「いくらですか？」

「十五両はかかるぞ」

「わかりました！　三年でこしらえます」

と、その後一心不乱に働き、なんと三年で十五両こしらえてしまった。このタフネス！

　まさか本当に達成するとは思わなかった親方だったが、金さえあればすぐに会える相手ではないと説得し、藪井竹庵《やぶいちくあん》という医者に案内役を頼むことにした。この先生、医者としての腕のほうはだめだが、遊びの方面では粋な人物。早速呼んで教えを乞う。

「いくらお金を積んでも、紺屋職人ではけんもほろろです。そこで、久蔵さんを流山のお大尽《だいじん》（金持ち）の若旦那に仕立てて、私がその取り巻きということで一芝居打ちましょう。紺屋の職人だと悟られないよう、なにを言われても『あいよ、あいよ』で通してください。そしてくれぐれもその藍色に染まってしまっているその手は見られないように」

　出《い》で立ちやら言葉使いを整え、先生のおかげで無事に吉原に到着。馴染みの茶屋にて高尾に会いたい旨を伝えると、なんと高尾が空いていた。

　トントン拍子で三浦屋へ。ドギマギしてばかりいる久蔵の、どこをどう気に入ったか、お床入り。三年越しの夢が叶えられた。夜よ、明けるな、時よ、止まれ止まれと祈る久蔵。朝になって、枕元で久蔵に花魁が型通り、

「今度はいつきてくんなます？」

と訊《たず》ねると、

「三年経ったら、またきます」

「えらく長いではありんせんか？」

久蔵はとうとう我慢できず、本当のことを洗いざらいぶちまける。

「流山のお大尽の倅なんて真っ赤な嘘です。本当は染物職人なんです。ここにくるのに三年、必死になって十五両を貯めました。今度といったらまた三年後。その間に、あなたが身請けでもされたら二度と会うことができません。ですから、もう会えません。でも万が一、この先この広い江戸の空の下、どこかで会えたなら『久さん、元気？』とそれだけ言ってください」

「今の話、本当ですか？」

問いかける高尾に、久蔵は隠し続けていた藍色に染まった手を見せ、泣き崩れた。

高尾は真実を知り涙ぐみ、来年三月十五日、年《ねん》が明けるから、その時には女房にしてくれと訴えて、証拠のかんざしと大金を渡して、久蔵を見送る。夢うつつのまま帰ってきた久蔵は、それから前にも増して働き出した。「来年の三月十五日……あの高尾がお嫁さんにやってくる」疑う周囲をよそに久蔵は信じ続けた。

そして、いよいよその日がやってきた。

高尾がくるわけがない、と信じない親方や他の奉公人をよそに、高尾がやってきた。久蔵は、狂気乱舞する。

そして「久さん、元気？」と約束の一言をつぶやいた。

その後、久蔵と高尾が夫婦となって親方夫婦の跡を継ぎ、二人揃って働いて店が大繁盛し、江戸っ子の間では大評判となった。

さてこの名文句、なんと解く？

約束を守ることが一番の『感動』の源なんだよ。

そのココロは？

どこで感動するかは、人それぞれ価値観が違うから、一概に断定はできない。感動が、「三年越しの初恋が成就した場面」の人もいれば、「いや、身分の違いを乗り越えて高嶺《たかね》の花を口説き落としたところだよ」という人もいる。

だが、それらはいずれも「恋愛」という狭い範疇に囚《とら》われた感じ方のような気がする。

そうではなく、もっとこの断から万人向けにフィットする栄養成分を抽出するのならば、やはり「走れメロス」しかり、「約束を守る」という人類普遍の行為の美しさが浮かび上がってくると思う。

毎日言葉にするかしないかの違いはあれど、人生とは約束の連続だ。父親が会社に行くのも、会社側との契約という名に基づく以上、約束だ。母親が朝起きて子供のお弁当を作るのも母と子供との約束だ。

不倫で離婚するのは、不倫が結婚という約束の一方的破棄であるからだし、犯罪で捕まるのも法律という約束に背《そむ》いたからである。**約束の根底にあるのが、〝覚悟〟だと思う。**

十五両という信じられないほどの大金を、たった三年のあいだに作ってしまう久蔵の〝覚悟〟に、ほだされたのが高尾だったのだ。表の世界をコツコツ歩く地道な男に、派手な世界とはいえ、いってしまえば裏街道で愛《め》でられていた女がよろめいた。

こんな自分に会うために見せてくれた覚悟に呼応するように、花魁という身分を捨てる覚悟で挑んだのだ。大切なのは約束を守ることでなく、約束を守り続けること。そして**覚悟は約束を守り続けるなかで確実に芽生えてゆく。**

もし今、誰からも認めてもらえないと思っている皆さん。この噺から飛躍させて、人との約束を二倍守ってみたらどうかと思う。

前座の時、談志にまったく認められない日々のなか、「踊り三曲覚えろ」と言われて五曲覚え、「唄を十曲覚えろ」と言われて二十曲覚えたことがあった。やはり師匠は見ていてくれて、それまでの私に対する見方を変えてくれたっけ。そこに覚悟を見つけてくれたのだと思う。

覚悟があれば大物は釣れる。この落語が教えてくれた。

後生鰻《ごしょううなぎ》の名文句

「ああ、いい功徳をした」

あらすじと解説

「なんとも後味の悪い噺だな」という感想を持たれがちな落語でもあるが、逆にいえば、落語だからこそ成り立ち得る世界観ゆえ、大切にしたいなとも思う。

ドラマや映画など、映像の世界では決してできる噺ではない。いや、芝居でも拒絶反応はありそうだ。かようなブラック系のネタほど、演者の人間性が問われるような感じがする。短いけど深い噺。

さる隠居は異様ともいうべき信心家で、夏場に蚊が刺していても、つぶさずに必死にかゆいのを我慢している。

ある日、浅草の観音様さまの帰りがけ、鰻屋の前を通ると、親方が鰻をまな板の上へ乗せて包丁を入れようとしているところに遭遇した。

「その鰻、どうするんだ?!」

「二階のお客様のご注文で、蒲焼に……」

「かわいそうなことをするな」

隠居、鰻屋の主を説き伏せ、鰻を二円で買い取って、前の川にボチャーン。

「ああ、いい功徳《くどく》をした（「ああ、いい後生をした」という落語家もいる）」

そう言い残すとスッと帰ってしまう。あくる日、また同じ鰻屋で、同じようなやりとりの末に二円を支払いボチャーン！

「ああ、いい功徳をした」。

そんなことが四、五日続き、隠居が来れば、だまっていても鰻を出すだけで確実に銭が転がり込むんだから、鰻屋はほとんどなにもしないで儲けていた。

仲間もうらやましがって、

「いいお旦（スポンサー）を見つけたな」

とうらやましがる始末。しかし、ある時から、この隠居がパタリとこなくなった。ふっかけすぎたのがいけなかったのか……ほかの店へいってしまったのかもしれない。

女房と心配していたところへ、久しぶりに向こうから隠居がやってきた。「体、弱っているかもな。ああいうのは、いつくたばっちまうかしれねぇ。今のうちに、ふんだくれるだけふんだくっとこう」

一儲けしようとするのだが、ちょうど鰻が切れて商売を休んでいるところだった。

「あの金魚……昨日死んだ？　ネズミ……そんなに簡単には捕まえられないか。野良猫は？　逃げちまったか。えーと……」

生きているものならいいだろうと、自分の女房を拝み倒し、割《さ》き台の上になんと赤ん坊を乗っけた。驚いたのは隠居だ。

「おいおい、その赤ん坊をいったいいかがする気だ？」

「へえ、蒲焼きにするんで」

「馬鹿野郎。なんてことをしやがる。これ、いくらだ」

隠居、生き物の命にゃ代えられないと、赤ん坊を百円で買い取り、前の川にボチャーン！

「ああ、いい功徳をした」

さてこの名文句、なんと解く？

行き過ぎれば、ヒューマニズムも害悪になるんだよ。

そのココロは？

ちなみにこのオチ、歌丸師匠は赤ん坊を鰻屋のおかみさんに変えて、隠居がおかみさんを川へポーンと放り投げた時、見ていた鰻屋の亭主が、

「ああ、いい功徳をした」と変えている。

落語を演じる時も聴く時も、作ってくれた方や受け継いでくれた方に感謝することは、とても大切なことだと思う。そういう先輩方が系譜として一人でも欠けていたら、目の前の落語は自分には届かなかったはずだもの。落語が口承による伝統芸能といわれる理由がそこにある。

だからといって、教わったまんま演じることが伝統を継承することではない。目的は落語を保存することではなく、その面白さを追求することだからだ。面白さの

表現の仕方は落語家それぞれで、だからこそ落語家の数だけ落語があると呼べるのだと思う。どんどんアレンジして大衆に問うべきなのだ。

前座修行というのはそういう意味でそのアレンジルール習得期間のような気がする。そんな姿勢でこの落語を追求した場合、これ、初演した時の反応を想像するとかなり手厳しい評価があったのではと推察する。

「面白いけど、オチはかわいそう過ぎる」など、同業者や観客からの批判は絶対あったはずだ。歌丸師匠のオチに代表されるオリジナルの演出やら構成は、その証《しょう》左《さ》ともいえる。伝統芸能とはいえ、従前通りに演じるのではなく、つねに更新、アップデートし続けてきたからこそ、落語の今があるのだ。つねに目の前のお客さまのみを笑わせようとしてきた、仏教用語でいう「前後裁断《ぜんごさいだん》」の姿勢こそがその命脈を保ち続けた肝だ。

おそらくこの話を作った落語家は、さまざまな批判は百も承知だけれども、**赤ん坊を川に放り込むぐらいのブラックなオチでないと、行き過ぎたヒューマニズムは揶揄《やゆ》できないとの崇高な信念を持っていたのだと思う。**作った当座も、初演後もそのスタイルを貫いていたはずだ。

正論でも度が過ぎればやはり滑稽だ。日の丸や君が代を否定する気持ちはわからないでもないけれども、卒業式で座ったまんま拒否する人には卒業式全体を拒否しているような違和感しかない。

ベジタリアンを標榜する人は決して否定はしないが、「生き物を大切にしないといけない！」というのだったら、野菜や米も生き物ではないかと思う。「魚類には痛点がないから」という理屈で肉食を否定して魚だけ食べる人にも、そんなの魚の立場になってみなければわからないよと思う。

ＳＮＳで、食品添加物の怖さをセンセーショナルに訴えようとしている人を散見する（ま、正論でも、センセーショナルにしか見えないのがＳＮＳの魅力でもあるが）。食品添加物の恩恵で、食中毒からもガードされて、乳幼児の死亡率が著《いちじる》しく軽減された事実もあることに目を向けるべきだ。あまりに敏感になり過ぎたとしたら、「生まれてこないのが一番」という理屈になりかねないもの。

異様に病気を避け、健康にこだわる人たちを見ると「人間なんて誰もが百歳以上生きられない病人なのにな」と思う。長生きは身体に毒だという結論になりかねない。

主義主張はあくまでも自身の行動規範のみを律するべきもので、他人にそれを強要すべきものではない。それをカネで解消しようとしたこの噺の隠居と、そのカネに惑わされる鰻屋との業の深さがサイドストーリーとなってさらなるインパクトを与えているのがこの噺だが、この隠居の正義とイスラム国の正義とが完全に被る。

「自分はひょっとしたら間違っているかも」という自己チェックを完全に放棄しているもの。正論は確かに正論だが、矛盾を許さない正論は極論化しやすいものだ。過去の戦争はいつもそういう理屈で引き起こされてきた。

「世の中、誤解が基本。自分にとって都合のいい誤解と都合の悪い誤解しかない」という談志の言葉を改めて噛み締めてみたい。究極の環境保護は人類滅亡なのだ。人間なんか、〝いい加減〟でいいんだよ。いい加減な気持ちでは〝いい加減〟にはなれないものだ。わかるかな、この違い。

道具屋《どうぐや》の名文句

「壊れた時計だって一日に二度は合うよ」

あらすじと解説

前座噺の典型的なネタだ。

私は大学の落研に入部した時、一番最初に覚えた落語だった。どうやっても全然うけなかったことしか覚えていないが。ま、ネタばれしていて、まるっきりうけない難しいネタが前座噺なのだ。

だからこそ前座さんにとって勉強になるのだと、入門してしばらくしてから先輩方から教わった。大ネタはストーリーがしっかりしているから、多少、話芸に綻《ほころ》びがあっても聴かせられてしまうものなのだ。

三十を過ぎても呑気な与太郎が大家に呼ばれてきてみると、お袋さんが泣いていたという。

「色男にはなりたくはねぇ。年増女を泣かした」

「ばか、親をつかまえてなにが年増だ」

いつまでも遊んでいてはよくないので、なにか商売をしろとのことで、「おじさんの商売をしたらどうだ」とアドバイスをする。与太郎、

「知っているよ。商売の頭に〝ど〟の字が付くだろ」

「そうだ」

「えへへ、〝どろぼう〟だろう。泥棒」

「ばかだな。〝ど〟が付いたって道具屋だ」

「おじさんだな、お月様見て跳ねるのは？」

「なんだそれ？」

「道具屋、お月様見てはねる♪」（これは秀逸なギャグだ）

その道具屋を仕込まれる与太郎だった。道具屋といっても寄せ集めのガラクタばかり。元帳があるから、それより高く売れたら、儲けの分はお前のだと言われ、同業者が商いをしているところへ出かけていく。

「神田三河町の杢兵衛のところからきた、与太郎さんだ」

と自己紹介として自分に〝さん〟を付けて、仲間に入れてもらった。品物を並べたが客はこない。

オートバイに乗った客に声を掛けたり、「お二階へご案内！」などと訳の分からぬことを言ったりして接客はチンプンカンプン。

「そこのノコ見せろ」

と初めてきた客に言われ、

「ノコってタケノコ？　ノコにある。あっこれノコギリか、ギリ（義理）を欠いちゃいけない」

などとボケる。「これは焼きが甘いな」と問われ、

「そんなことは無いですよ。おじさんが火事場で拾ったんだから、よく焼けています」

などと馬鹿正直に答えて失敗。次の客が「そこの唐詩選《とうしせん》を見せなさい」と言うと

「これは貴方には読めません」と答える。

「失礼なこと言うな。読めるよ」

「読めません。それは表紙だけですから」

とやって、またまたしくじる。

そして時計を手にした客に、「こんな壊れた時計なんか、買っても仕方ないだろ」と言われ、

「そんなことはないですよ。壊れた時計だって一日に二度は合うよ」

との最高級の名言を吐く。

「真鍮《しんちゅう》の燭台《しょくだい》を見せろ」と言う客には、

「三本足だったのが、二本足だから後ろの塀に寄り掛けてある」

「買っても使えないな」

「いえ、レンガ壁ごとお買い下さい」とやって呆れられる。

やがて、「そこの短刀を見せな」という客がくる。

「タントは有りません」

「その白鞘《しらさや》の短刀だ。銘《めい》はあるか」

「姪《めい》は神田に住んでいます」

「錆《さび》付いていて抜けないな。手伝え」

一生懸命二人で引き合うが抜くことができない。

「抜けないはずです。木刀ですから」

「木刀なのになぜ手伝う」

「顔を立てました」

「顔なんかいい。抜けるものはないのか」

「あー、それでしたらお雛様の首が抜けます」


さてこの名文句、なんと解く？

与太郎はばかじゃない。

そのココロは？


「壊れた時計だって一日に二度は合う」

壊れた時計にも存在意義を見出そうとする奴はばかじゃない。どこまでも優しい男なのだ。その目線はむしろ知的だ。そんな優しい無欲な男が、代々、談志以外の落語家によって〝ばか〟と認定され、不遇なキャラとして演じ続けられていた。それが与太郎の過去だともいえる。

談志は「ばかな奴が『道具屋、お月様、見てはねる♪』なんていうわけない」と言い切り、与太郎の名誉回復宣言をした。これは私、個人的には、「落語は人間の業の肯定だ」と歴史的定義をしたのと同程度の、かなりの革命的発言だと受け止めている。

この言葉の真意を、さらに翻訳すると、

「流れや感情で処理するな。人間というものはどんな奴でも、そいつなりのロジックで動くものだ。ロジカルで処理しないのは逃げだ」

と訴えているようにも聞こえている。

長男が生まれたばかりの頃だったか、師匠に見せに連れて行ったことがある。「家族揃って、つつがなく暮らしています」という弟子の姿勢を、とかく好む師匠だった。「おかげさまで無事、生まれました」とカミさん共々挨拶すると、師匠という威厳をギリギリのところでキープしつつも、長男の笑顔に相好を崩し、「あのね、子供ってな、しゃべり始めが一番かわいいぞ」とアドバイスというか、持論を展開したものだった。

いま振り返ってみると、やはりこれは「言葉の天才」の発言だったように思う。幼い子供に対する姿勢でも、〝言葉〟を介したコミュニケーションを尊重した人だった証拠だ。

我々一般人が、子供がかわいいなと思う時は、普通、一方的なこちら側の「かわいい」と思う感情に任せて愛情を抱くものだ。

その感情に、正直な態度を取ろうとする人のことを子煩悩として、煩悩という仏教用語では本来マイナスの意味合いの言葉を、あえて用いてプラスに転じて評価している。

しかし、ロジカルで説明できない「一方的なこちらのかわいいと思う感情」は、相手側の論理、言い換えれば他者とのコミュニケーションの介在を許さないという意味では、極論すればファシズムかもしれない。

それに対してロジカルの世界は民主主義だ。

「一方的にその言動から『与太郎はばかだ』と断じるのはつまりはファシズムだ。言葉の世界で生きてゆこうとするのが落語家ならば、その与太郎なりのロジックを分析してみろ。俺は小さな子供と接する時ですら、言葉を通じて向こうの価値観に触れようとしているんだぞ」

と、天からそんな師匠の声が響いてくる格好で、それに翻弄される形で私は前著『なぜ与太郎は頭のいい人よりうまくいくのか』（日本実業出版社）を書いた。疲弊したこの世の中、与太郎の緩さに学ぶべき時代なのではという提案でもある。

その後、幼稚園に入った長男と次男とを一門の新年会に連れてゆくと、師匠はこの二人に「おい、ビール飲むか?」と聞いてきたそうだ。幼子二人にしてみれば、「自分たちを生まれて初めてオトナとして扱ってくれた人」として立川談志という言葉の天才をその小さな頭のなかにインプットすることになった。

やはり、ロジカルは、どこまでも公平なのだ。公平ということは誰にでもチャンスがあるということを意味する。ロジカルに生きよう。それが平和への一歩なのだから。

第五章　あざやか編

強情灸《ごうじょうきゅう》の名文句

「俺は平気だったけど、石川五右衛門は、さぞ熱かったろうな」

あらすじと解説

徳川家康が開いた江戸の町。あんなに狭いところに当時としては世界最大の百万人を超える人々が集っていた。ひしめき合うなかで、今よりかなりの不便さを要求されていたことを想像すると、我慢強くなければ、生きていけない時代だったのではと想像する。

我慢を乗り越え、やっと辿り着いた世界でのご褒美が、「女にモテる（かもしれない）」ということだったのではと思う。我慢強さの源である強情が、江戸の男としてのきちんとした行動規範として認識されていたからこそ、江戸の町が命脈を保てたのではないかとさえ思う。

友だちがやってきた。体調不良とかで、灸《きゆう》を据《す》えてもらったらしい。

「このお灸な、凄《すさ》まじく熱いんで評判なんだよ。気の弱い奴なんかな、一つ据えただけで『ギャー』なんて天井《てんじよう》突き破って飛んでっちまうんだと」

あまりに熱いので、その様子をみた人は怖気《おじけ》づくのだが、それでも「効く」という評判から店の前は長蛇の列。店の人が番号札を配るほどだという。

「俺がもらったのが『への三六番』、行列のどん尻だぜ。これじゃ日が暮れちまう、帰ろうかなって思ったらよ、先に並んでた綺麗なお嬢さんが、先客が熱がってるんで、心配になっちゃったんだろ……俺に『ねえ、アタシと代わってくれませんか』なんて……ええ、『ようござんす』と喜んで代わりましたとも」

　早速、中に入ると店の者が、

「うちの灸は熱いですよ。大丈夫ですか？」

と、疑ってきたので頭にきた友人は、上半身裸になるや「さあ据えてくれ！」と怒鳴った。灸を三六箇所に据えるといわれたので「全部いっぺんに据えろ！」と怒鳴った。店の者もつられて、本当に全部いっぺんに据えてしまった。

　一つだって飛び上がるような熱い灸を、一度に三六個据えたんだから大変だ。

「身体中から煙が上がる不動明王みたいになっちまったが、ここで逃げたらかちかち山のおタヌキ様だ。我慢して唸ってたら、店にいた奴らがみんな寄ってきては『この人、本当に人間かい？』『男のなかの男だ』なんて感心してやがんだよ。そのなかにね、さっき俺と札を取り替えたお嬢さんがいてさ、俺の顔を見てポーッとなってんだ『あぁ、たくましい人ね、お嫁になるならこんな人が』……」

「そんなこと言ったのかい」

「いや、そう思ってやしないかなと」

自分から熱い目に遭ってきて、帰り道で唸っているような男にノロケ話を聞かされたので、呼び込んだほうの男は面白くない。やはりこの男も強情なのだった。「お前には無理だろうがよ」などと言われ、ムキになった。「たかだか灸ぐらいで威張るな。オレはもっとすごいんだ」と、うちの奥からもぐさを持ってきて、腕に山盛りに積み上げるや点火する。

「活火山だよ、浅間山だぞ。ちっとも熱くねえぞ」

「そりゃ、火が回ってきていないからだよ」

やがて火の勢いが強まり、煙が上がる。男、脂汗を流しつつ歯を食いしばる。

「うう……灸ぐらいで威張るな、石川五右衛門なんか、油で茹《ゆ》でられたのに平気で辞世の句を詠んでたぞ。『石川や　浜の真砂は尽きるとも　世に盗人の　種は尽きまじ』ってな……八百屋お七なんか、十五で火あぶりだぞ……それに比べりゃこんなもの……お七……五右衛門……お七……ギャア‼」

とうとう辛抱たまらずもぐさを払い落とし、なおも「五右衛門……」と唸っている。そこに友人が意地悪く声をかける。

「五右衛門がどうしたって？」

「俺は平気だったけど、石川五右衛門は、さぞ熱かったろうな」

さてこの名文句、なんと解く？

強情とはやせがまん、やせがまんとはハードボイルドなのだ。

そのココロは？

「ハードボイルドとは、やせがまん」と定義したのは、作家の北方謙三さんだった。

江戸幕府以前にも江戸には集落もあり人も住んでいたのだが、周辺地域に大規模な灌漑《かんがい》設備を施し、水田を造成し、穀倉地帯化させてインフラ整備を敢行し、江戸を都市化させたのは徳川家康だった。

その労働力として招集をかけられたのが農村の次男、三男たち。初期の江戸っ子はかようなひとりぼっちだらけの町だったというのは容易く想像できる。彼らが所帯を持ち、やがて子孫が繁栄し、点が線になりつつあっても、そのご先祖さま由来の寂しがり屋のDNAは、受け継がれ続けた。

かくして江戸っ子は、ひとりぼっちだらけの寂しがり屋になった。若年労働者を求めるあまり、江戸の男女比もほぼ七対三の比率だったとのこと。所帯を持つためには、女にモテなきゃいけない。これは婚活という名の死活問題だ。

ここでモテるための作法として、こぞって江戸っ子たちは「強情」を競ったのではなかろうか。「恐怖感や不快感」を「我慢」によって乗り越える生き方を尊重したのだ。「我慢」ができないと江戸の町は成立しない。そして、安寧も保てない。

江戸の火消しがモテたのも、一歩足を踏み外せば真っ黒こげになるかもしれないという、「恐怖感」をクリアした生き方を貫いているように見えたからであろう。

現代人から見たら滑稽に映る、この落語のような強情者同士だが、女にモテるモテないはひとまず別として、「我慢、つまり強情の差」こそが年収の差にもつながるのではなかろうか。

高い年収が保証されている「難関医大卒業医師」になるためには、かなりの忍耐力がないと入試問題も専門知識も身につけられない。医者のみではない。

高いギャラをもらう芸能人やスポーツ選手なんかも、一般人をはるかに凌駕する我慢強さ、つまりは強情さの裏付けがないととても生きてゆけない世界でもある。いや、サラリーマンでも「寝てない自慢を無意識にする人」なんかは、「寝ることを我慢」＝強情を吹聴しているともいえるのだから、この落語のなかに出てくるお灸の熱さに耐えている強情な人とどっこいどっこいではないか。

「強情で、我慢強く」は、この国に生きる男たちに強烈に刻み込まれた共通言語なのかもしれない。いまよりずっと文明が未発達で、いまよりずっとめんどうくさかったはずの江戸の男たちを真似て、少しだけ強情で我慢強くなりたいものだ。

先行きの見えない、この世の中を生きて行くにあたり男性諸氏、この落語からハードボイルドな生き方を学ぼう。あ、それと女性のみなさん、男は単純です。ご主人やお父さんや恋人や兄弟、そして会社の同僚など身近で働いている男性の我慢強さを少しだけ褒めてあげてください。「すごい！」の一言で喜びます。それだけで、もっともっと働いてくれますよ。

目黒《めぐろ》のさんま の名文句

「さんまは目黒に限る」

あらすじと解説

落語を四季に分けてみると、一目瞭然となるのだが、季節が秋となるとこの落語ぐらいしかないことに気づく。「落語の笑いは共感の笑い」と以前本にも書いたが、そういう意味でいえば、秋というのは共感しにくいのかもしれない。

「暑いですね」でも「寒いですね」でもない、秋という季節。秋といえばむしろ稲作に代表される実りの秋の言葉通り、主役は江戸ではなく地方なのかもしれない。夏の終わりの暑い秋口、寒くなる冬の始まりの秋、この間口の広い季節ゆえ、共感を呼びにくいのだろうか。

あるいは実りの秋で、食べるほうに庶民の気持ちがシフトしてしまい、落語を聞いて季節感を愛でるのは疎かになってしまうというのだろうか。

殿様が目黒まで鷹狩に出かけた際に、供が弁当を忘れてしまった。殿様たちが腹をすかせているところに、おいしそうな匂いが漂ってきた。

殿様が異様に興味を示しこれは何の匂いかとたずねると、供は、

「この匂いは庶民の食べる下衆魚（下魚《げざかな》）、さんまというものを焼く匂いです。決して殿のお口に合う物ではございません」

と言う。殿様はこんなときにそんなことを言っている場合かと、供にさんまを持ってこさせた。これは網や串、金属、陶板などを使わないで、直接サンマを炭火に突っ込んで焼かれた「隠亡焼き」と呼ばれるもの。殿様の口に入れるようなものであるはずがない。しかし、食べてみると大変に美味しく、この時殿様はさんまという魚の存在を初めて知り、同時に大好きになった。さんまの〝とりこ〟になってしまったのだった。

それから殿様は、さんまを食べたいと思うようになる。ある日、好きな食べ物を要望できる機会に恵まれ、殿様は「余はさんまを所望する」と言う。だが庶民の魚であるさんまなど用意されているはずがないので、急いでさんまを買ってくる。

さんまを焼くと脂が多く出るものだが、それは体に悪いということで、脂をすっ

かり抜いてしまう。骨がのどに刺さるといけないと骨を一本一本抜くことになったために、さんまはグズグズになってしまう。こんな形では出せないので、考えた挙句、椀《わん》のなかに入れて汁物《しるもの》として出すことになった。

日本橋魚河岸から取り寄せた新鮮なさんまが、家臣の無駄な配慮によって台なしにされ、かえって不味《まず》いものになってしまった。殿様はそのさんまがおいしくないので、「いずれで求めたさんまだ?」と聞く。

「はい、日本橋魚河岸で求めてまいりました」

「ううむ。それはいかん。さんまは目黒に限る」。

さてこの名文句、なんと解く?

食べ物を粗末にするな。『我慢して食え』。

そのココロは?

この噺、名産地などまるで知らない殿様の無知を嘲笑《あざわら》って、庶民階級が快哉《かいさい》を叫んだなどという解釈もある。確かに成り立つが、身分制度がきっちりしていた江戸の御代ならまだしも、果たして現代においてそのような味わい方で落語の面白さを満喫できるかどうか、甚《はなは》だ疑問である。

身分制度などを通り越した、人間そのものが持つおかしみこそにスポットを当てるのが、落語本来の醍醐味である。「さんまは目黒に限る」は、「ソーセージは魚肉が一番美味い」、「メロンパンは値段が安いほうが旨い」という私の味覚の正しさを代弁してくれているように感じている。

魚肉ソーセージをソテーしてマヨネーズを添えたのなんか、ご飯のおかずにも酒の肴《さかな》にも合うと思うし、実際メロン果汁を用いた高級メロンパンなんて、もうそれはメロンパンではないと確信する（そういえば談志も「とんかつは薄いほうが美味い」と言っていたっけ）。

庶民の味って絶対美味いのだ。大多数が認めたという証拠なのだから。**つまり殿様の無知というより、殿様の味覚の正直さを称えるべき噺なのではと思う。**嘲笑はいつか自分自身に返ってくるので、それは落語の笑いとは明らかに異質なものだ。

ここでいつも思い出すのが、師匠談志がよく食べ物屋さんでサインを頼まれた時に書いた「我慢して食え」という言葉である。

前座の頃、師匠の独演会の翌日、とある地方のその地域で有名な蕎麦屋に入ってサインを頼まれた師匠は、案の定この言葉をさらさらっと書いた。みるみる怒りに染まっていく、お店の店主の顔を見て嫌な予感がしたものだ。

師匠がトイレに立った時だったか、私が呼び止められた。

「おたく、談志さんのお弟子さん？　これ、どういうことかなあ」

店主は師匠の書いたばかりのサインを指差した。

「うちは自信を持って出しているんだよ」

「いや、違いますって。師匠の機嫌がいい証拠ですよ。サインなんか普通しませんから。美味しくなかったとは一言もいっていませんから」

私はなんとか必死に執《と》り成《な》した。みるみるその店主の機嫌もよくなって行った。

「シャレのわかる、センスのある方とお見受けしたんですよ」

と念を押すと、やっと微笑んでくれたものだった。実際、長野の飲食店では、粋なマスターはその師匠のサインを堂々と店内に貼って喜んでいた。

「このうちの○○で、人生の喜びを知った」や「○○、最高！」などと各界著名人らの歯の浮くようなほめ言葉が添えられたサイン色紙が展開されるなか、「我慢して食え」はそれらを完全に飲み込んでしまい、強烈な光を放っていた。他がみんな嘘にしか見えなかった。やはり言葉の達人だ。

それにしても、いちいち補助線が必要な、めんどうくさい言葉を使うのが立川談志だったのだとつくづく思う。もっとも、その弟子だったおかげで、人とのつながりにはワンクッション、解説力や翻訳力が必要なんだなと悟り、どんくさかった私でも、いまこうしてこういう本なぞを書けているのであるが。

師匠は昭和十一年一月二日生まれ。食べ盛りの少年期に戦争を迎えた世代だから、「とにかく食べるものがなかった。美味いとか不味いとかいってられなかった」などとよく述懐していた。あの乱暴なサインの言葉は、

「美味いとか不味いとか言うのは、食べものがなかった時代に生きた人間からしてみれば傲慢だ。食べ物は大切にしろ」

という意味にもとれないだろうか。先進国のなかでも食料自給率が四割を切っている国は日本だけと聞く。美味い不味いを言う前にまず、いただける喜びに感謝しなくてはと思う。飢餓で苦しんでいる人たちがいると思うとなおさらだ。

庶民の味、万歳。一人で食べる高級フランス料理よりも、家族で食べる回転寿司のほうが絶対うまいって。なにを食べるかではなく、誰と食べるかが大事なのだとしみじみ思う。「カレーは我が家に限る」

厩《うまや》火事《かじ》の名文句

「あたりめぇじゃねえか、お前にケガでもされてみろ、俺が明日っから遊んで酒が飲めねぇや」

あらすじと解説

よくできた夫婦の噺だ。この噺も、所帯を持っていなければその機微《きび》がわからない噺の一つだと思う。夫婦というか、男と女のすれ違いが見事に描写されている。このオチ、男の本音として捉えてカラっと笑える形になっているが、どうだろう。これ「男の照れ」とも考えられやしないだろうか？　面と向かって「お前のほうが大事だよ」と言えない照れ隠し。うーむ、ちょっとウェットか。いや、でも、落語はこんな妄想が許されるほど、ゆるくできているから楽しいものだのだよ。

髪結いで生計を立てているお崎は、仕事の腕前もよく器量よしで、周囲の評判もいいきちんとした女性。

亭主は文字通り「髪結いの亭主」。怠け者で、昼間から酒ばかり呑んで遊んでいる。このだいぶ年下の亭主とは口喧嘩が絶えないが、かといって愛想が尽き果てたわけではないらしい。けんかしても、向こうから謝ってくるので、知らず知らずのうちに元に収まってしまう。「果たして、これでいいものか」と悩む日々。

ある日、亭主の心持ちが分からない、と仲人のところへ意を決して相談をしに行く。しかし亭主の行状を聞かされた仲人に「あんな遊び人はいねえんだから別れちまえ」と言われると、「そんなに悪くいうことないじゃない！」と怒り出す始末。「夫婦喧嘩は犬も食わない」のたとえの通りだ。

仲人は、呆れながらも、孔子が弟子の不手際で秘蔵の白馬を火災で失ったが、そのことを咎《とが》めず弟子たちの体を心配し、弟子たちにますます慕われ信頼もされたという いい話と、麴町のさる殿様が瀬戸物を大事にし過ぎたあまり、奥方と離縁することになってしまった嫌な話をする。

そして目の前で亭主が大切にしている瀬戸物を割り、どのように反応するかで身の振り方を考えたらどうかと提案する。帰った彼女は早速、実行してみる。その結果、夫は「おい、ケガはしてねえか？」と彼女のほうを心配したのだ。お崎は感動して、

「そんなにあたしのことが大事かい？」

と聞くと、

「あたりめぇじゃねえか、お前にケガでもされてみろ、俺が明日っから遊んで酒が飲めねぇや」

さてこの名文句、なんと解く？

「後ろめたさ」を上手に持って、カミさんには優しくしよう。

その ココロは？

確かにこのオチ、男の本音として額面通りに受け止めたほうが落語らしくて面白い。が、言葉とはあくまでも「受け手主体」のもののはずだから、「男の照れ隠し」と判断する、そんな解釈だってアリのはずだ。

映画と同じアプローチで考えてみると、初期の「男はつらいよ」のフーテンの寅さんをアナーキーに演出した森崎東監督と、ウェルメイドな人情噺として世に送り出した山田洋次監督との違いといえばわかりやすいか。優劣でも善悪でもない。もうこうなると好みの問題だ。

さて、このお崎さん。実年齢でいうと十歳近く下の色男を亭主として持つ、まさに「髪結いの女房」。腕もいいはずで、だからこそ、亭主がのんべんだらりでも大丈夫という痛しかゆし。

すべてにおいて優れている女性だが、唯一「男を見る目がない」というのが大きな欠点という感じか。これ、逆に仕事はできない、それほど美しくもなく、なにをやらしてもだめでも、唯一「男を見る目だけはある」女性と対比させてみたらおわかりかと思うが、幸せになれるのは、絶対後者のほうであるように思う。

むろん、男性の場合もこれは成り立つ。仕事もできない、それほど色男でもなくとも「女性を見る目」だけは持っていて、実際に仲良しカップルというのもいる。人物が特定されてしまう可能性があるので大きな声では言えないが。ま、もちろん、誰もが「自分以外のことだ」と思っているに違いないけど（いや、向こうから「それはお前だ！」と言われてしまうオチかもしれない）。

プロ野球関係者に聞くと「打者で一番問われるのは〝選球眼〟だ」とのこと。ホームランを打つパワーより、やはり球を見極める目が大切なのだそうだ。確かにフォアボールは、力なぞなくても成立するし、それが四回続けば得点にもなる。きた球をパワーで打ち返してスタンドに入れなければならないホームランよりはるかに効率的だ。お崎さんは、選球眼の悪いホームランバッターとも言えようか。

それにしても夫婦というものはつくづく不思議なものだと思う。「あんなひどい亭主と、なんで別れないのか」という夫婦がいたり、逆に「あんないいご主人となんで別れちゃうのかしら」という夫婦がいたり。

よく考えてみたら、親兄弟は身内だけど、夫婦は元々が赤の他人なのだ。まずお互いを他人だと思う感覚って案外、大事なような気がする。**他人ということは、夫婦もやはりどこかで距離を取らなきゃいけない間柄だということだ。**

私ごとで恐縮だが、結婚して二十年近くにもなるが、おかげさまでほんと仲良くやらせていただいている。夫婦円満の秘訣はとにかく、「先に謝ること」に限る。これが一番だ。

このお崎さん夫婦もいろんな落語家が手がけているけれども、どれもおしなべて喧嘩という小爆発の後は、旦那が先に謝るという設定だ。いろんな落語家がそれぞれの夫婦観を盛り込んで、データとしてこの落語に反映させているイメージで考えると、必然、夫婦円満のノウハウが経験値として帰納的に詰まっている。この噺からたっぷり学ぶべきだ。

「先に謝る」戦法だが、さらに言うと、「自分が悪くなくても謝る」という形にしたほうがより完璧になる（経験者談）。「そんなの無理だよ、自分が悪くないのなら、謝れないよ」とお嘆きの男性諸氏、そうおっしゃるあなた方は、真面目過ぎだ。「後ろめたさ」をお持ちでないから、そう言う気持ちになってしまうのだ。

正直、私にはカミさんに対する「後ろめたさ」は山ほどある（万が一、浮気を疑われたら「浮気じゃない！　俺がシェアされただけだ」と言うつもりだが）。でもその「後ろめたさ」のおかげで（なにがおかげだ）、カミさんには優しくできている。

カミさんが多少ワガママを言ったとしても、「ま、俺にはこんな後ろめたさがあるもんな。大目に見よう」という気分になれる。**後ろめたさがない人は、「俺は悪くないのに、なんだその言い方は?!」となり、ついつい相手を追い込み、喧嘩になってしまうのではないか。**国同士の戦争然り、真面目同士が大概けんかになるのではと思う。

おそらくこの噺の亭主も、オチが照れ隠しだとしたら女房に優しいのはきっと「後ろめたさ」があるからだ（陰でこっそり浮気に近いことはきっとやっているはず）。逆に相手を赦《ゆる》すためにも、「後ろめたさ」を持つべきだと思う。

片棒《かたぼう》の名文句

心配するな。片棒は俺が担ぐ

あらすじと解説

会社や組織のみならず、国までも跡取りやら相続で、もめるものだということは北朝鮮から学んでいる我々である。この噺、長男が大量消費派、次男がイメージ先行派、三男が超緊縮派と大雑把《おおざっぱ》に分けることができるが、これはそのまんま日本の戦後の社会模様に似ているように思えないだろうか。

戦後の高度経済成長は大量消費が裏付けとなった。その後バブルまでは広告代理店主体のイメージ戦略に踊らされ、バブル崩壊後は清貧の思想に代表されるデフレ経済に陥ったと。この噺は日本の未来の予言だったとも聞こえてくる。

石町《こくちょう》の赤螺《あかにし》屋の主人・吝《けち》兵衛は、三人の息子のうち誰に家督を譲ろうかと思

い、番頭と相談して
「もし私が死んだら後の葬式はどうするつもりか聞かせてもらいたい」

とそれぞれに質問してみた。

長男・金は、立派な葬式を出すべきだ、という。

通夜はふた晩かけて行ない、本葬は大きく派手に。会葬客の食事は折り詰め（紙箱の弁当）でなく豪華な重箱詰めにしたい。あらゆる一流の酒を揃え、帰りには客に十分な交通費や立派な引き出物を渡すべきだ、と言うので主人は呆れた。

次男・銀は、心に残る粋な葬式にすべきだ、と主張する。つまり「物より思い出」だ、と。

町内中に紅白の幕を張り巡らせる。頭《かしら》連中による木遣《きや》り唄、芸者衆の手古舞《てこまい》、そろばんを持った主人そっくりのからくり人形を載せた山車《だし》、主人の遺骨を積んだ神輿《みこし》を神田囃子《ばやし》に合わせて練り歩かせる、花火を打ち上げて落下傘をつけた位牌を飛ばす。と、これらを矢継ぎ早に次男は語る。滑稽な弔辞を読むまねをする段階で、主人の怒りは頂点となり、次男は部屋から追い出される。

三男・鉄は鉄で、兄たちとは反対に極端なケチだった。

「出棺は十時と知らせておいて、本当は八時ごろに出してしまえば、お客様のお茶菓子やお食事はいらないし、持ってきたお香典だけこっちのものにすることができます。早桶は物置にある菜漬けの樽を使いましょう。樽には荒縄を掛けて天秤棒で担ぐことにします。運ぶ人手を雇うとお金がかかりますから、片棒はあたくしが担ぎます。でも、ひとりでは担げませんから、やっぱりもう片棒は人を雇ったほうが」

ここで主人は語り続ける三男を制して、名言「心配するな。片棒は俺が担ぐ」。

さてこの名文句、なんと解く？

極端なケチは経済上、ルール違反だよ。

そのココロは？

先日飲んでいた時、となりのテーブルが男性五名、女性が紅一点の若者グループだった。交わす会話もイマドキの若者らしく、仕事上の悩みも昔の自分を見ているようで、「今も昔も変わらないものだなあ」と感傷に浸っていた。しばらくすると、いざ会計の段になって、幹事と思しき男性がスマホを取り出し、割り勘金額を表示し、それぞれ均等にお金を出し始めた。

「まじかよ⁈」。

昭和生まれの私としては、明らかにソフトドリンクしか飲んでいない女性も同等に頭割りにしようとすること、いやそれを当然と受け止めている女性にも激しい違和感を覚えた。いや、若い世代にバブルという景気のいい時代を作ってやれなかった我々上の世代の責任なのかもしれない。

でも、おカネを同等に女性にも支払わせるのが当然だとしたら、どうやって女性を口説くんだろう。おごるという〝貸し〟を作らなきゃ口説くという雰囲気は作りにくいなと考える私が古いのだろうか。やはり女性におごるのは大事だと思うのは男の驕りだろうか。

江戸っ子は「宵越しの銭を持たない」と強情を張ってカネを使い、「江戸っ子の生まれ損ない金を貯め」と言い放って金を貯めこむ人を揶揄した。

それが結果として、お金をつねに外に出し続けることになり、経済を回し続けた。リスク分散などという投資的概念のない時代だったが、人との信頼関係そのものが、ヘッジファンドとなっていたのだろう。この噺はそんなコミュニティの中のルール違反としてネタにされている感じだ。

それぞれ三兄弟が個性豊かで、長男が「大量消費派」、次男が「イメージ先行派」、そして三男が「超緊縮派」と見事に色分けされ、さらには音曲も入ったり、オリジナルのギャグも付加できる、トリでも語られる大ネタである（師匠が晩年トリの時、その前の出番でかけて怒られたことがあったっけ）。

日本人はいつの時代も極端を好むものかもしれない。南北に長い国土のため気温の高低も激しいせいか、大量消費時代には使い捨てを奨励して、景気が悪くなると〝もったいない〟という言葉を流行らせたりと、極端に突っ走るのが好きな国民性だ。

かように不景気が続くと、儲からない↓銀行に貯金しよう↓消費が滞《とどこお》る↓ますます儲からない、という負のスパイラルから脱却出来ないでいる。某銀行の「預けるだけならタンスと同じです」と訴える車内吊り広告があったが、「手数料取らないだけタンスの方が偉いよ」と突っ込んだものだった。

タンスにしろ銀行にしろ、貯め込むのを少しだけでもやめたらと思う時に、逆にいいなあと思うのが、ご祝儀文化だ。この落語を反面教師にして、貯め込むのではなく少しだけ撒《ま》くのだ。これとて巨額になれば、それこそ賄賂になってしまい意図が変わってしまうので少しだけでいい。気持ちで充分だ。

アメリカに行った時にチップ文化が定着していて、駐車場をサポートしているおじさんがいい車に乗ってニコニコしながら帰って行ったのを見て驚いた。聞けばチップだけでかなりの金額になるとのこと。一〇〇円、五〇〇円でいい。ご苦労さま、と感謝の気持ちを添えてさりげなく渡す。前座さんにやるお年玉みたいな感覚か。いや、お金でなくてもいい。

たとえば私なんかは外出しがちで、宅配便の配達員さんには二度目の手間をかけた時など、みかんの一つ、缶コーヒーの一つでも渡すようにしている。渡した瞬間の配達員さんの笑顔を見ただけでものすごく得した気分になれ、こちらが嬉しくなる。こんなチップやご祝儀や品物という、ささやかな気持ちが総量ともなれば、それこそ大きな経済を動かすパワーになるのではと思う。一億人が一〇〇円をいっせいに使ったら一〇〇億。これだけでかなりのマーケットにもなるのだから。

コツコツ貯金する感覚でコツコツお金も使おう。というわけで、ご祝儀、お待ちしています（そこかい！）。

不動坊《ふどうぼう》の名文句

「あっしの嫁さんだったんですけど、いま忙しいんで、不動坊のばかに貸してやっているんだってそう思うようにしたんですよ」

あらすじと解説

落語の登場人物のなかで、誰が好きかとよく考えてみることがある。与太郎の呑気さ、「居残り佐平次」の底抜けの明るさ、幇間の一八《いっぱち》のタフさ、などいろいろいるが、やはり、この吉兵衛さんの言動にとどめを刺す。

こんなプラス思考があるからこそ、後半のインチキな幽霊にもまったく動じないのだ。つまり、理に適《かな》っている。借金すらも有難いと思えるような吉兵衛さんの神経を見習いたい。ま、幾多の困難があったほうが、その先の果実をゲットする喜びも増幅するものだけどね。前座が長引いている時、談志には「俺がお前らに対して二つ目昇進基準を高くしてやっているのは、お前らの喜びのためでもあるんだ」とはよく言われたっけ。

確かにその通りだった。やはり天才は預言者なのだ。

長屋の独り者の吉兵衛という働き者のところへ、大家が縁談を持ち込んできた。相手は相長屋の講釈師・不動坊火焔《かえん》の女房お滝。亭主が旅回りの途中で急死してしまった。残された借金もあり、女一人では苦しいので、どなたかいい人がいたらと大家に相談をしてきたというのだ。

「いや、元々お滝さんはあっしの嫁さんだったんですけど」

と平然と答える吉兵衛。大家が怪訝《けげん》そうな顔色を浮かべていると、名言「いま忙しいんで、不動坊のばかに貸してやっているんだってそう思うようにしたんですよ」を吐く。そして不動坊の残した借金を肩代りして祝言《しゅうげん》をあげることになる（「借金ぐらいあったほうが働く張り合いがあります」という金言も呟くのだ）。

さあ、うれしさいっぱいの吉兵衛、銭湯のなかで浮かれて、同じく長屋で独り者の三人である鍛治屋の鉄つぁん、チンドン屋の万さん、漉《す》き返し屋の徳さんの悪口の一人芝居で盛り上がる。

さて、後半。それを又聞きした三人は激怒。今夜二人がいちゃついているところへ不動坊の幽霊を出し、脅かして夫婦別れをさしちまおうと、悪い相談がまとまった。幽霊役には万年前座の噺家を安いカネで雇い、真夜中に四人で吉兵衛の家にやってくる。

屋根に登って、天井の引き窓から幽霊を吊り下ろす予定だったのだが、万さんが、ひと魂用のアルコールと餡《あん》ころを間違えて買ってきたり（ここも爆笑ポイント）一騒動。噺家が「四十九日も過ぎないのに、嫁入りとは恨めしい」と脅すが、逆に吉兵衛に「オレはてめえの借金を肩代わりしてやったんだ」とすごまれ大人しくなり、十円もらって寝返る始末。

怒った三人が屋根の上から揺さぶったので、幽霊は手足をバタバタ。

「おい、十円もらったのに、まだ浮かばれねえのか？」

と吉公が言うと

「いえ、宙にぶら下がってます」

さてこの名文句、なんと解く？

こんなプラス思考の奴には、なにを言っても敵わないよ。

そのココロは？

　ここで吉兵衛さんが抱いたプラス思考というのは、巷でよく耳にするプラス思考の比ではない。一歩間違えば病的にすら感じる。こうなるともはや妄想に近いかもしれない。いや、プラス思考とは土壇場で踏み堪《こた》える際の妄想なのではとも思う。

　趣はいくぶん異なるが、「貧乏をすれどもこの家に風情あり質の流れに借金の山」という狂歌も、どうにもならないほど追い詰められた貧乏を払いのける、妄想のようなプラス思考ではなかろうか。

　これを粋とする鮮やかな世界観があったからこそ、日本人は江戸時代の貧乏生活を耐えられたのではと思う。談志が言っていた「日本人は貧乏が似合っている」というのは、本当の貧乏に陥った時こそかくなる文化のパワーを発揮する火事場の馬鹿力こそが日本の国力なのだと予言していたのかもしれない。

　別にこんな歌を詠んだところで、状況はなに一つ変わらないのだけれども、今の環境を「一瞬だけでも笑うこと」によって、ふとじんわりとゆとりが芽生えてくるはずだ。

「物質的充足感を満喫する時代はもう終わった。これからは精神的充足感を味わう時代の到来だ」などと、実際そう言われて久しい。

テレビのニュースでは、学生の親からの仕送りもここ二十年も横ばいとのこと。だったら、発想を逆にしたらどうか。カネがないなら時間は絶対にあるはずだ。その大事な時間を使って「どうすれば金持ちに近づき、その懐にある財布の紐《ひも》を緩められるか」とゲームで考えてみたらどうか。

おしなべて金持ちはそそっかしいもの。そこを突くのだ。クラウドファンディングなど、カネがなくても世に打って出られるようなシステムは構築されつつある。時代は追い風と考えるのだ。

この辺り、幇間の一八が出てくる噺なんか絶対参考になるはずだ。だんだん弱ってゆく病人だって、「明日よりはいい」と見方を逆にすれば、どんな環境だってプラスに見えるではないか。要するに受け止め方の問題に過ぎないのだ。その受信者側の感受性を磨くことこそが精神的充足感にもつながるはずだ。

たとえば、月五〇〇万円稼がないと満足感を得られない人は、月五〇一万円を稼いだ人に嫉妬してしまうだろう。北朝鮮しか旅行したことのない人は、北朝鮮以外の世界各国を訪れたことのある旅行マニアからは羨望《せんぼう》の的になるだろう。

そう考えてゆくと、「日高屋の焼肉定食に添えてあるマヨネーズと焼肉のタレとを混ぜた味」だけで極度に喜びを感じられるぐらいでいたほうが絶対幸せだ（それは私である）。

マスコミがさんざん煽ってくる貧困の恐怖には、貯蓄で対応するより、今まで述べてきたような妄想的なプラス思考、そして、**幸せ感受装置を低レベルにしておく形で対応したほうがいい**。幸せなんて、やはり受け止め方だ。探す前に感じるものなのだから。そんな日々の妄想力を積み重ねる訓練をし続けてゆこう。

手はじめに吉兵衛さんのこの名言をパクることから始めてみよう。まずは模倣から、形から入るのだ。昨今の例で言うならば、「ほんとは佐々木希は自分のカミさんなんだけれども、今忙しいからアンジャッシュの渡部さんに貸してやっているんだ」と思ってみよう。

そんな毎日を送り続けていると、そのうちきっと目の前のカミさんは深田恭子に思えてくるはずだ（いや、足の親指の爪だけでもソックリだと思おう）。

この応用編で、逆に目の前にいるめんどうくさい人が、自分のレベルを上げるために、神々が送り込んだアイテムに見えてきたらしめたもの。実際、師匠がそうだった。世の中、思い込んだ奴の勝ちなのだ。

親子酒《おやこざけ》の名文句

「私だってこんなぐるぐる回るような家、要りません」

あらすじと解説

落語のテーマはほぼすべて失敗にあるといえる。そんな失敗が数多く発生する機会はというと、やはり酒にまつわる席であろう。普段は温厚なのに、酒が入ると酒乱になって手がつけられなくなる「らくだ」の屑屋さんみたいな人などもたくさんいるし、夢のなかでではあるが、酒の上での約束を真に受けてしまう「ねずみ穴」の竹次郎のようなケースもたまに聞く。

「酒が人間をだめにするのではなく、人間のだめさ加減を酒が教えてくれるのだ」と言った談志の一言がまたここでも響く。確実にアルコールは人と人との距離を縮めてくれた。アルコールは子孫繁栄という人類の一番の課題をも絶対アシストしてきたはずだ。「酔った勢い」は男にとっても女にとっても、双方に都合のいい言葉なのである。

酒好きな大旦那と若旦那の親子がいた。ある日、父親である大旦那は、息子の酒癖が悪いことを心配して、「お前だけに酒を止めろとは言わない。共に禁酒をしよう。私も酒を止める」と提案する。

息子は承知し、しばらくは二人とも酒を断っていた。しかし、しばらくすると、他に楽しみのない大旦那は、酒を飲みたくて仕方がなくなってしまう。息子が出かけたある晩のこと、女房に頼み込み、とうとう飲んでしまう。

酔って気分も良くなっているところへ、息子が帰宅する。慌てた父親は取りつくろってシラフのふりをして息子を迎えるが、帰ってきた息子もなんとベロベロのへベレケであった。

呆れた父親が「なぜ、約束を破って酔っているのかと厳しく問うと、出入り先の旦那に相手をさせられたと言い、「酒は止められませんね」などと言う。父親は怒って、女房に、

「婆さん、こいつの顔はさっきからいくつにも見える。こんな化け物みたいな奴に身代は渡せない」と言った（これも名言）。

するると息子も名言「冗談じゃありません。私だってこんなぐるぐる回るような家、要りません」。

さてこの名文句、なんと解く？

親に似るのは親孝行なのだよ。

そのココロは？

先代小さん師匠の至芸が光っていた。一門の兄弟子・談之助師匠曰く、小さん師匠の「親子酒」は、「どこの地方に行っても、間違いなくウケる鉄板のネタ、つまり営業ネタでもあった」とのこと。

酒の酔い方はある面、落語のなかのお約束でもある（地方に行けばそれだけで拍手がくる場合すらある）。「高いトーンで笑いながら酒を飲む」というのは、このお方の独壇場でもあった。

さて、年末年始あたりによく目立つのが、駅のホームで吐いた痕跡《こんせき》だ。自分もさほど強くないので、あれには嫌悪感を覚えながらも、無理やり飲まされた若手サラリーマンかなと、その落とし主を密かに想像して同情したりする（いや、一番大変なのは後片づけをする駅員さんに違いないのだが）。

先日、ヨーロッパで長いこと暮らしている人とその話になったのだが、欧米にはかような落とし物はほとんどないとのこと。やはりアルコール分解酵素をふんだんに持つ、お酒に強い人種なのだなあとの思いを強くしたが、逆に日本人が元々酒に弱い体質だからこそ、酒にまつわるこぼれ話が多かったはずだ。

結果として、それが落語のネタにもなっているところを見ると、歴代酒に弱い体質を持つ我々のDNAも、まんざら悪いことではないのではないかと開き直り気味に思う。「吐瀉物《としゃぶつ》と落語の存在証明」、我ながら面白いアプローチだ。もしかしたら、日本人が酒の上でのしくじりに比較的寛容なのは、そういう体質が前提だからなのかもしれない。

「酒で絡んだ？　あいつが？　まあまあ俺たちみんな酒に弱いもの同士、カバーし合おうよ」といったような姿勢が根底にあるように思う（むろん、飲酒運転などというのは言語道断だが）。ここが、落語の笑いが「共感の笑い」と言われるゆえんだ。

思春期の息子二人を抱えていると、息子たちと飲むのは、父親として一つのかけがえのない理想像である。彼らが成人式を迎えたら、一緒にカラオケスナックに行って「野風増《のふうぞ》」を歌うのが、じつは私のささやかな夢だ。

そのあとキャバクラに行って、好みの女の子をそれぞれ指名させ、店を出た後、別の飲み屋に入り、反省会をする。そこで「な、ああいうところの女性はみんな嘘つきだろ」などと教えてあげたいものだ（これが52ページにも書いた「ストーカー防止」にもつながると確信する）。

むろん「ママには内緒な」と秘密を共有しつつだが。私もいまでこそ多少なりとも飲めるようにはなったが（代謝が悪くなっただけかもしれないが）、二十歳そこそこの頃なんざ、お猪口《ちょこ》一杯で真っ赤になってしまうほど弱かった。

それゆえ、数年前に亡くなった父親と一緒に飲んで帰ってきたという思い出があんまりない。親父の定年退職の日、実家近くのスナックに行ったことぐらいだ。自分が飲めるようになってきた頃には、父親は患いがちになってしまい、酒から遠ざかり、きちんと酒を酌《く》み交わすことができなかった。

なんともちぐはぐなというより、いや、それ以前に父親との距離感は照れが先走るものだ。かくして、父親にまつわる思い出はいつも切ないものになってしまう。

そのせいか、この噺の親子、とてもうらやましく感じてしまう。いいなあ、この親子。父も息子も、酒は好きだろうけれども、やはり噺の様子からだとそれほど強くはなさそうだ。息子のこの名言は、父親譲りの酒に弱い体質なのだろう。

親に似るのは恩返しだと思う。骨格も声帯も遺伝するから顔も声も似てしまう。外側が似れば、内側も似る。つまりは考え方も酷似してくる。高校生の長男坊は、私の高校時代の卒業アルバムの写真を見て、「うわ、余命宣告を受けた気分だ」とガッカリしていた（カミサンはその言い回しのセンスを讃えていたが）。

極論すれば、恩返ししたければ親に似ればいいのだと思う。それだけで十分な親孝行だと思う。この親子の一つ上の世代、おじいちゃんもやはりきっと酒は好きだが、弱かったに違いない。同じような小言を、きっとこの親父はそのまた親父から食らっていたに違いない。

そんなやり取りを、ニュートラルな位置で見つめていたのが、姿さんだろう。きっと呆れながらも心のなかで微笑んでいるはずだ。**この三者のなかで一番幸せなポジションにいるのがこの婆さんではないかと思う。**

この落語を聞いてほのぼのするのは、笑いながらもそんな親子の系譜と距離感を嗅ぎ取るからだろう。かくして歴史は繰り返される。落語のいいところは進歩を是としないそんなところにもある。

疝《せん》気《き》の虫《むし》の名文句

「別荘はどこだ?」

あらすじと解説

オチが笑える。いわゆる〝考えオチ〟というやつだ。一瞬、観客は戸惑うのだが、あまりのくだらなさにジワリとくる感覚か。ま、下ネタに近いといえば近いのだが、観客の想像力をベースに、その読解力を信じている形ゆえ、おおむね受け入れられるオチではなかろうか。

落語はお客さんへ送る、想像力を仲介したラブレターで、笑いはその好意的な返事なのかもしれない。信じ合わなければ成り立たない。ところで「疝気《せんき》」って、下腹部の痛みの総称とのことだが、一体なんの病が原因なんだろう。胆石? 胆のう炎?

変な虫を見つけたお医者（談志は書生という設定）。つぶそうとしたら、「お助け下さい」となんと虫がしゃべり始めた。その虫によれば、

「私は〝疝気の虫〟です。人の腹のなかで暴れ、筋を引っ張って苦しめるのを仕事にしています」というのだ。

お医者は疑いながらも、虫との会話を続けると、自ら好物から弱点までみんな告白してくれた。

「じつは、私どもは蕎麦が大好物でして。口にすると、つい、力が出て暴れて悪さをするんです」

「困った奴だな」

「でも、じつは私らには苦手なものがありましてね」

「苦手な物？　なんだ、それは」

「唐辛子です！　蕎麦の薬味に入れる。あれが体にかかると、腐って死んでしまうんです」

「なるほど。だから、蕎麦には唐辛子がつき物なのかな」

「腐ると困りますから、唐辛子がきたら別荘のほうへ逃げます」

「別荘？　どこだい？」

男性の、下のほうでブラブラしているのが別荘なのだとか。

「なるほど。じゃあ、ほかの虫の弱点なんかも教えてもらえないかな？　夢か」

居眠りの夢だったのだ。

そこへタイミングよく、疝気で困っている人から往診の仕事が入り、これはいいことを聞いたとお医者は出かけていった。

「主人が苦しがっております」

という付き添いのお内儀《ないぎ》に医者は、

「今日は療治のやり方を変えてみましょう。まず、蕎麦を用意してください。用意ができたら、旦那様にその匂いをかがせながら、奥さんが食べてください」

と伝える。疝気の虫は蕎麦の匂いを嗅ぎ付けるが蕎麦は入ってこない。蕎麦を求めて上へ上へ上っていくと蕎麦はお向かいだ、じゃあ向こうに移ろうと、一斉にお内儀の体に飛び込み、腹のなかで大暴れするので、今度はお内儀のほうが苦しがる。お医者、これは得たりと、

「お内儀、唐辛子を溶かした水を飲んでください」

「そんな、こんな辛いのなんか到底無理……」

「いいから、早く‼」

と、なんとか飲み干す。
唐辛子に仰天した虫は急いで逃げ込ようと腹を下る。
名言「別荘……別荘……。別荘はどこだ?」こうつぶやきながら、噺家はうろうろして舞台袖へと去って行く。

さてこの名文句、なんと解く?

病気のみならず、すべての物事と対話してみよう。

そのココロは?

かかったことはないが、胆石の差し込むような痛みから、疝気は胆石が一因でなかろうかと思って調べてみると、胆石にかかるのは男性より女性が多いとのこと。まさに疝気の虫が別荘を探して暴れ回っているかも。
談志はこの噺を「病気と対話せよ。がん細胞にはがん細胞側の言い分があるはずだ」といっていた。「この噺は医学の今後を予言している」と。病気を悪いものとして捉え、一方的に断罪し、徹底抗戦を挑むのが西洋医学的な発想かもしれない。

それに対し、病気が出てきた根本原因を突き止め、病巣のみならずトータルに体質改善を図るのが東洋医学的アプローチだろう。

その東洋のさらに片隅の、病気と会話してしまうような「言霊のさきわう国」だからこそ、かような落語の文化が生まれたのは、ある意味必然だと思う。

がん細胞にしゃべらせたらなんと言うだろうか。

「毎日俺たちみたいな不良は、つねに少しは出ているんだよ。それに耳を傾けないでしらばっくれて、ほったらかしにしているから、手に負えなくなるんだよ」

風邪のウィルスは「俺たちすら治せないくせに医学の進歩とか言ってんじゃねぇよ」、花粉症は「死に至る病じゃねえから存在ぐらい許してくれよな」、インフルエンザウィルスは「あのね、大きな声じゃ言えないけど、ワクチンメーカーが俺たちを作ってるんだよ」などと呟いて叩かれたり。

そしてiPS細胞は「あの、僕、まだまだ新入りですから、あんまり過度の期待はしないでください」。最終的に病気たちが、「死を克服して、どうするつもりなの？　そんなに死ななくなって嬉しいのかな。死を克服したら、人類はますます傲慢になるはず。俺たちがいるから人間の傲慢さは辛うじて制御できているのだ。少

し は感謝しろ」などという共同声明を発表したりしてね。妄想は広がるばかりだ。

考えてみたら、「対話こそ究極の学問」ではないか？　いや、一方的に閉ざされた世界で黙々と研究や実験を続けるのではなく、きちんと研究対象と対話を積み重ねた研究者こそが、成果を出しているのではと思う。

「立川流＝落語研究所」と定義したのは兄弟子の談春兄さんだが、そのドンたる師匠談志は、きちんと落語と「対話」をする姿勢を貫いていた。**対話とはワンウェイコミュニケーションではない。相手の言い分に耳を傾けることである。**

与太郎の言い分にきちんと寄り添い、向こう側とコミュニケーションを取り、その言葉を優しく分析したからこそ導き出された結論が、「与太郎は、ばかではない」であり、その系譜で私も与太郎論の本を出すことができた。

対話はかくも大切なのだ。

談志は疝気の虫と会話をするこの落語から「病気と対話せよ」という結論を弾き出したが、仕事がうまく行っていない人、頭打ちになっている人、いや仕事ばかりではない。対人関係やらコミュニケーションなどで悩んでいる人、**すべてのジャンルにおいて「その対象と対話すること」**、これは非常に大切なような気がする。

一生懸命、脇目も振らず取り組むのは、ある面においては閉鎖的だともいえる。

対話は、あくまでも開放的な雰囲気だ。向こう側から見た自分を想定するだけで、客観的になれるはずだ。

極論だが受験生が受験科目と対話できれば、東大ぐらい入れるような気もする。とにかく人ではない事物にも積極的に話しかけてみよう。それは相手の立場を尊重する、民主主義の理念にもつながる。

水屋《みずや》の富《とみ》の名文句

「あ、金がない。今晩から安心して寝られるな」

あらすじと解説

「一眼国」と同等の見事なオチだ。人間の幸せってなんだろう、とこの落語に触れて愕然としてしまったことを思い出した。「到達点を目標にするな、日々の積み重ねを目標にしろ」と言った談志の言葉に通底するような気がする。

栄光を手にしたことで、堕落してゆく人もいる。困窮を極めながらも、毎日ニコニコしている人もいる。こんな厄介な人間界に、ありがたくも生まれてきてしまった以上、人間を好きになろう。

江戸時代は、天秤棒を担いで毎日やってくる水屋から、一日の生活用水や飲み水を買っていた。大規模な灌漑設備を整えるまではかなりの湿地帯だったのだ。

水屋の一人が、毎日、水を運んでは得意先の客に売り歩いていた。独り者で身寄りはないので病気にでもなったら困るから、いつもまとまった金がほしいと考えていた。まさに重労働だったのだ。

そんなある日のこと。たまたま買っていた富くじ（宝くじ）を湯島天神に持って行くと、なんと立て札に自分が買った札の番号があったのだ。腰を抜かした水屋、

「アハ。タータッタタッタッタッ」

その額はなんと千両。引き換え所に向かい、二割引かれて八百両もらい大喜び。無我夢中で持って帰る。

これで商売を辞められる。とは言っても、代わりが見つかるまでは続けなければならないが、持ったまま商売に出たら、落としてしまうかもしれない。家において置くのも不安だ。大きな風呂敷に包み、戸棚にしまって置くのも心配だ。戸棚のなかには葛篭《つづら》があるから、そのなかにぼろ布で包んで入れるとか。逆に飾りに見せかけて神棚に置くとか。

どれも心配だ。結局、畳を一畳上げて根太板《ねだいた》をはがし、そこに通っている丸太に五寸釘を打った。その先を曲げ、金包みを引っかけることにした。

ようやく安心して商売に出たが、まだ心配は続いていた。すれ違った男は本当は

じつは泥棒で、自分の家に行くのかもしれない、とあとつけてみたり、まるで気が休まらない。

そんなわけで仕事ははかどらず、あっちこっちで文句を言われてしまう。

夜も寝ていると、毎夜、強盗に襲われ金を奪われる夢ばかり。

だんだんやつれていく水屋。

向かいに住んでいるヤクザ者がいた。水屋が毎朝、竿を縁の下に突っ込み、帰るとまた同じことをするのに気づいてしまう。

「お。あの縁の下にきっとなにかあるな」

水屋の留守中に忍び込んで根太をはがしてみると、金包みがあるのを見つける。

狂喜して、そのまま盗んで逃げ出した。

水屋は仕事から帰ってきて、いつものように竹竿《たけざお》で縁の下をかき回してみるが、手ごたえが無い。

「ま、まさか」

根太をはがして調べてみると、金包みは影も形もない。

「あ、金が無い。今晩から安心して寝られるな」

さてこの名文句、なんと解く？

誰もが不安なんだから、不安をなくすのではなく、不安に慣れて生きようよ。

そのココロは？

地震が多発するだけでなく、台風のちょうど通り道に位置するこの日本という国には、いつも不安がつきまとう。天変地異や自然災害が常態的になると、国民はそれをどう解消するかに知恵をしぼることになる。

我々の先人たちは、盛者必衰《じようしやひつすい》、会者定離《えしやじようり》と、平家物語の冒頭でも謳っている通り、「世の中は常でない」と後世にいい伝え続けることによって、自らからも不安に向き合おうとしていた。

代表的なのが伊勢神宮の常若《とこわか》の発想だ。二十年に一度「式年遷宮《せんぐう》」というシステムですべてを更新してしまう（掛かっている橋までも作り替える徹底ぶりに驚いた）。

このスタイルは、わかりやすくいうのならば、出版界においては次々と新作を送り出し「ベストセラー」を狙う形であろう。

一方、大陸の宗教は「不変」を重んじ、たった一つの不滅の神を信じ、あらゆるものを偶像化した。こちらはいわば「ロングセラー」で版を重ねて儲けようというスタイルだともいえる。

この宗教観の差は水の差かもしれない。なるほど、確かに台風の被害を受けやすいわが国だが、湿潤気候は豊富な水を保証する。

「まあああまあ」と水に流すなんて了見は、大量の水が前提で成り立つ感性だ。かように有り余る水を当然とするのが仏教ならば、「俺のいうこと聞いて後からついてくれば、水にありつけるぞ」というのが乾燥地帯で栄えたキリスト教やイスラム教だともいえる。

かように、水の量の差が多神教と一神教との差をもたらしたのかもしれない。それはウェットとドライの違いでもある。この噺はやはり日本人独特の感性のものだ。水と石油が同等に取り引きされると言ってもいいぐらいに水を重んじる国の人からしてみれば、水こそ千両の値打ちがあるだろうから。

と、ここまで書いてしみじみ思ったのだが、ペットボトルの五〇〇ｃｃの水が一五〇円というのは、もう当たり前の感覚になってしまっているけれども、よく考えてみたら、ガソリンより高いんだよね。

ここで、改めて仮説を立ててみたい。**日本の場合、不安に対して、不変的ななにかを求めて帰依する形よりも、むしろ不安慣れするような生き方を望んだのではないかと。**

コンクリートや石でがっちり固めた家に住むより、最初から壊れやすい家に住んで、壊れたらまた作ればいいんだという感覚か。大体ジメジメしているから密閉空間は似合わない。石ではなく風通しのいい木こそが家を作るには相応しい材質だ。

ここからさらに飛躍させれば、確固たる固定的な宗教に拠り所を求めるのではなく、他者との共感という流動的なものによって不安を分散し合う生き方を選んだのが、日本人ではないかとさらなる仮説が展開しそうだ。

そしてそのスペースを縫うようにして落語が発生したのでは、とも想像できる。うー、またこれは別の機会に本にしよう。

さて、そんな背景を想像しながら、この噺を再び噛みしめてみると、一言でいうなら「**キャラに合ったことしか、できないよ**」ということだ。

ビンボー人には千両は似合わないし、松下奈緒を奥さんにもらったら、毎日緊張して寛《くつろ》げないだろうし、そこそこがやはり一番なのだ。「カネを手にしたことで生じた不安」より「毎日汗みずくになって働きながら抱く将来に対する不安」のほうが、水屋のキャラに合っていたのだ。

先日、高一の長男坊にしみじみ言われた。「パパが天皇陛下じゃなくて、俺はよかったよ。もしパパが天皇陛下だったら、俺は跡を継がなきゃいけないもの」と。

男系男子ならぬ「談慶談志」の血のつながりを感じた瞬間だった。

長短《ちょうたん》の名文句

「ほらみろ、そんなに怒るじゃねえか。だから教《おせ》えねぇほうがよかった」

あらすじと解説

持ち時間の少ない時などで頻繁にかかる噺だ。登場人物が二人しかいないので、逆にだからこそ難しい噺だともいえる。気の短いほうをうちの師匠、気の長いほうを先代小さん師匠というキャラ設定でやってみたいなあと思っている。

それにしても、師匠はよく「俺は小さん師匠のところだったから保った」とは言っていた。やはり器が大きくて、気も長かったのだろう。小さん師匠ご本人は自らを気が短いとはよく言っていたようだが。

気の長い長《ちょう》さんと、やたら短気な短七の二人は、性格は正反対だけれども、なぜか気が合う幼なじみ。ある日、長さんが短七の家に遊びにきていた。

「夕べぇぇ、夜中にいぃぃ、しょんべんがぁ、したくなってぇ」などと超ゆっくり話し始めたから、短七、「おまえは今日の雨のこと言うために、昨夜の小便から始めるのか?!」と、早くもイライラ。

饅頭を食わせれば食わせたで、いつまでも、モチャモチャ口のなかでやっているから、じれた短七は、それじゃあ腐っちまうじゃねぇかと、ひったくって嚙みしめもせずに丸飲みしてしまう。長さん、今度はたばこを吸いだしたけれども、これがまた超絶スローモー。

「短ひっつぁんは、気が、みじかい、から、おれの、することが、まどろっこしくて、見て、られない。でも、どこか気が合うんだよね」

「合わねーよ！」

などと言いながら、ゆっくりと煙管にたばこを詰めてから、火玉を盆に落とすまでがあまりに時間がかかる。

「たばこなんてもなァ、そう何服もね、吸殻が皿んなかで踊るほど呑むもんじゃないんだよ。オレなんか、急ぐときなんざ、火をつけねぇうちにはたいちまうんだ」

と、短七、あっという間に何服も吸ってみせる。

「これで短ひっつぁんは、気が短いから、人にものぉ教わったりすると、怒るだろうね」

「ああ、大嫌いだ」

「おれが、教えても、怒るかい？」

「おめえは別だよ。おめえとおれとは子供のころからの友達だ。おれに悪いとこがあったら教えてくれ。怒らないから」

「……ほんとに、怒らないかい？　そ・ん・な・ら・言うけどね」

とじっくり恐ろしく時間をかけて、

「さっき吸ってた短ひっつぁんのたばこの吸い殻ね、たもとんなかぃ、すぽおっと、入っちまいやがって……だんだん煙《けむ》が強くなってきたが、ことによったら、消したほうが」

「ことによらなくたっていいんだよ。どうも変な匂いがすると思ってた。みろ、こんなに焼けっ焦がしができちゃったバカ野郎、早く教えろ！」

と怒鳴りつけた。すると長さんが、名言「ほらみろ、そんなに怒るじゃねえか。だから教えねぇほうがよかった」

情報過多はろくな結果をもたらさない。

そのココロは？

談志はこの名言をこよなく愛していた。「そうなんだよ、今の世の中、教え過ぎなんだよ。教えねぇほうがいいんだよ」と。

この「教えねぇほうがよかった」というのは、「教えること＝善」という盲信に基づく発想なのかもしれない。**世の中、親切過ぎている。**iPhoneに替える以前は、国産メーカーの携帯電話を使用していた。友人らからの勧めもあって数年前にiPhoneに切り替えたのだが、窓口で機種のみを渡された時に、分厚い説明書が一切なかったので、拍子抜けして、逆にものすごく不安に陥ってしまった。窓口で文句を垂れてしまったっけ。

正直、分厚い説明書なんかもらっても見もしないくせに、なんかそれがないとやたら不安になるのだ。やはり私も完全に情報過多に染まり過ぎていたようだった。

先日、液晶テレビを量販店から購入したのだが、届いた段ボール箱を開くと、案の定、分厚い説明書があった（さすが国産ですな）。で、家電製品全般にいつも思うのだが、あの巻末の「故障かな?と思った時」のコーナーの「スイッチを入れても点かない↓コンセントを差し込んでない」という項目ね。あれ、「あれ、スイッチを入れても点かない？ あ、コンセント差し込んでいないない！」という風になる奴は本当にいるのだろうか。

説明書の巻末を見て、慌てて気づいてコンセントを差し込んでいる奴がいたとしたら、そいつの鼻の穴にコンセントを差し込みたくなる。

どうも日本人はきめ細やかなサービスを授受するのが当たり前になってしまっている。説明過剰、情報過多が常態化しているからこそ、名言「教えねえほうがよかった」という逆説的なセリフがズシンと響いてくるような気がするのだ。

そんなわけで、iPhoneはうちの思春期の子供たちのほうが、習うより慣れろの感覚らしく、いろんな使い方をマスターしている。**情報が少ないほうが、こちらが能動的にならざるを得ないのだろう。**

翻って徒弟制度は、師匠から発せられる少ない情報をいかに類推して動き、師匠を快適にさせるかを根本としている。その際、不都合が生じた場合は、発信者側である師匠を怒らせることにもなるから、ある面、前座さんは怒られるのも仕事の一つだと弁《わきま》えて動く。

ここで精神力も鍛えられ、また、かような類推によって回路が構築され、さらには経験値も積み上げられ、そして次第に怒られなくなっていく。「怒られなくなったら卒業だ」とはよく言われたものだった。パラドックスだが、不合理であるからこそ理に適っているという、それが徒弟制度なのかもしれない。

「踊りと唄を身につけろ」というのもざっくりし過ぎていて、まさに「少ない情報」の典型だった。振り返れば、それを自分なりに翻案して「なにを踊れば、なにを唄えば師匠が評価するのか」を探っていく、穴埋め問題のような感じだった。

天気予報も精度が高まり必然的に情報過多になってしまっている。少し昔なんか気象予報士なんて職業もなかったし、その気象予報士が「今日は変わりやすい天気です。ご帰宅の際には折りたたみ傘のご準備を」なんてアドバイスなぞしなかった。

雨に濡れるのなんて気象予報士の責任でもなんでもないもの。ついついそんな流れで、サブリミナル的に折り畳み傘が刷り込まれたせいか、帰宅途中のコンビニでそれを買ってしまったのは、一度や二度ではない。よくよく調べてみたら、その天気予報はそのコンビニの提供だったというオチが待っていた。

あなたが情報を発信する立場なら、受信者側のセンスと想像力を信じよう。情報は少なめのほうが彼らのポテンシャルは確実にアップするはず。そして、あなたが受信者側ならば、情報は少ない時のほうが成長できるチャンスだと思って前向きに取り組もう。こんな短い名言から妄想みたいに長い文を書く私こそが、一番の情報過多だという自《じ》家《こ》撞着《どうちゃく》、どうかお許しくださいませ。

あとがき

最後までお読みいただき、ありがとうございました。

一か月足らずで原稿を書き終えてしまいました。まさに一気呵成《かせい》でした。落語家が本を書くと、どうしても演者目線になります。むろん、これは仕方ないことです。まず言いたいことがあってから書き進めるのですから。

でも、今回書きながらしみじみ気がついたのが、当たり前だけれども「落語は、もともと他者目線で創られている」という事実でした。だとしたら、それにまつわる本も他者目線、つまり、お客様目線で書くべきではという思いに至り、このような本が出来上がりました。

これはもっと広い見方をするならば、落語家を育てるのはお客様であり、また、お客様を育てるのも落語家であるという間柄と同じ意味でもあります。

読者の立場になって書いたからこそ、お客様のパワーが後押しするような形で、スピーディに仕上がったのかもしれません。

ワコール勤務時代をここで思い出します。

ここでは徹底して社訓であった〝お客様発想〟を学ばせていただきました。名刺の渡し方から、電話応対、お得意先への挨拶回りの対応、すべてまずお客様ありきの姿勢を叩き込まれました。

これは決して、相手に対して卑屈になって振り回されている状態のことをいうのではありません。むしろ向こう側の立場になって物事を見つめたほうが、主導権が握りやすくなるという企業的戦略的な意味合いでもありました。

そうなんです。お客様発想ってむしろ積極的なものなのです。

さらにこれらを飛躍させると、「自分の人生は人のためにある」という哲学すら感じられるのではないでしょうか？

これは、使われる命と書いて〝使命〟という私の大好きな言葉と密接にリンクします。

言葉もそうかもしれません。発信する側のものではなくて、受信する側のもののような気がします。

そんな受け手たる「お客様」の姿を、一人ひとり思い浮かべているうちに出来上がったという意味ではこの本は処方箋です。そして演者である自分に向けての挑戦状でもあります。

かつて落語を聴いていた観客時代に、自分は落語に救われ続けてきました。今度はそんな昔の自分のような悩める人々を助ける番に、やっとなれたということでもあります。

ここまで読み終えた皆様方、いかがでしたか。

本を読み終えるというのは、書いた人間のこしらえたパズルを解くことでもあります。こちらあとがきというピリオドまでたどり着いたということは、もはや私の仲間のような近い距離感になったも同然です。

さあ、今度はあなたがこの本の宣伝部員となって同じような人々を救ってください。頼りにしています。

著者紹介
立川談慶（たてかわ　だんけい）
1965年長野県上田市生まれ。慶應義塾大学経済学部を卒業後、㈱ワコールに入社。３年間のサラリーマン経験を経て、91年、立川談志18番目の弟子として入門、前座名は「立川ワコール」。2000年に二つ目昇進を機に、「立川談慶」となる。05年、真打昇進。慶應卒の初めての真打。
著書に『大事なことはすべて立川談志に教わった』（KKベストセラーズ）、『この一冊で仕事術が面白いほど身につく落語力』（KKロングセラーズ）、『いつも同じお題なのに、なぜ落語家の話は面白いのか』（大和書房）『なぜ与太郎は頭のいい人よりうまくいくのか』（日本実業出版社）、『「めんどうくさい人」の接し方、かわし方』（PHP文庫）などがある。

〈立川談慶HP〉 http://www.ued.janis.or.jp/~soroban/dankei/

本書は、書き下ろし作品です。

PHP文庫　人生を味わう　古典落語の名文句

2017年7月18日　第1版第1刷
2021年12月10日　第1版第3刷

著　者　立川談慶
発行者　永田貴之
発行所　株式会社PHP研究所
東京本部　〒135-8137 江東区豊洲5-6-52
PHP文庫出版部　☎03-3520-9617(編集)
普及部　☎03-3520-9630(販売)
京都本部　〒601-8411 京都市南区西九条北ノ内町11
PHP INTERFACE　https://www.php.co.jp/
組　版　朝日メディアインターナショナル株式会社
印刷所
製本所　大日本印刷株式会社

ISBN978-4-569-76717-8

PHP文庫

「めんどうくさい人」の接し方、かわし方

師匠談志と古典落語が教えてくれた

立川談慶 著

師匠談志に「便利なやつ」と言わしめた著者が語る、前座時代から磨き上げた人間関係力・対応力に学べ！　心やさしい人のための意識革命。